鉄道の音を楽しむ

音鉄という名の鉄道趣味

片倉佳史
Katakura Yoshifumi

交通新聞社新書 174

鉄道の音を楽しむ
音鉄という名の鉄道趣味 ――― 目次

はじめに

鉄道趣味は年々盛り上がりを見せている。老若男女、鉄道に魅せられた人々が列車の旅を楽しみ、それぞれの目線で熱いまなざしを向けている。これはいわゆる〃鉄道好き〃に限ったものではなく、一般旅行者の間でも同様で、鉄道旅行の人気は総じて高い。各地で観光列車が運行され、好成績を収めていることからも、そういった状況は見えてくる。最近は鉄道会社もこのような状況を商機ととらえ、車庫見学や撮影イベントなどを盛んに行うようになっている。

本書では鉄道の「音」に着目し、その魅力に迫ってみた。鉄道は常に音とともにあり、その様相は〃音の集合体〃と言ってもいいほどである。耳で楽しむ鉄道趣味は「音鉄《おとてつ》」とも呼ばれるが、正直なところ、まだまだマイナーな存在で、ようやく定着してきたという段階である。しかし、見方を変えれば、多くの人が通り過ぎている魅力に気付き、面白さを感じる縁を得たことにほかならない。しかも、どこにどのような素材が眠っているのか分からないということは、「発見する楽しさがある」ということである。本書ではそういった要素を随所にちりばめ、楽しんでいただくことを考えて構成した。

第1章では、音鉄趣味のアウトラインとして、鉄道の音風景（サウンドスケープ）など、鉄道の音を楽しむ〝入口〟を紹介している。そして、第2章では、多岐にわたる音鉄趣味を素材ごとに分類し、その広がりについて記している。第3章では、全国各地に点在する〝音の素材〟を紹介してみた。当然ながら、紙幅の関係で全体を網羅することはできないが、皆さんが音探しの旅に出る際の目安になれば幸いである。そして、第4章では、音鉄趣味を楽しむためのテクニックと提言をまとめている。

第5章以降は、音鉄界の専門家への特別インタビューと対談を盛り込んだ。米屋こうじ氏には自身の音鉄体験と、表現手段としての「音」について自由に語っていただき、『ご当地駅メロディー資料館』の運営者であるT氏には、駅で楽しむメロディと収録秘話を語っていただいた。そして、音楽家・向谷実氏には音を「創る」という側面と、そこに宿る鉄道への思いをうかがうことができた。

鉄道は〝音源の宝庫〟である。慣れ親しんだ路線であっても、音に着目すると、意外な発見に出くわすことがあるし、普段なら気にも留めない駅の放送や聞き慣れた列車の車内の音なども、じっと耳を傾けてみるだけで、新鮮な印象へと変化したりする。きっと、皆さんが住む地元にも、数々の音鉄スポットが存在しているはずである。そういった知られざる場所を探すこともまた、音鉄趣味の楽しさである。

風景と鉄道を被写体として記録するのが鉄道写真なら、その音を記録して、記憶と想像力で臨場感を楽しむのが音鉄趣味である。録音機材を手に、もしくは、スマートフォンを片手にでも、音探しの旅に出かけてみてはいかがだろうか。

なお、本書の各種データは２０２３（令和５）年10月31日現在のものとしている。執筆にあたっては、必ず現地を訪ね、最新のデータを集めるように心掛けたが、その後の急な更新による変化についてはご理解をいただきたいと思う。

※音鉄に限らず、鉄道趣味を盛り上げていくためにも、良識ある行動を心がけたい。鉄道は公共交通機関であり、利用客や係員に迷惑をかけるような行為は決してしないようにしよう。また、プライバシーについても十分すぎる配慮をしたい。少しでも「迷惑かな」と感じたら、その場で録音を中止する判断も必要だ。こういったことに留意し、趣味活動を楽しみたい。

第1章

「鉄道音」の世界へようこそ

聴いて楽しむ鉄道趣味

鉄道と音。両者は切っても切れない関係にある。列車が動けば必ずそこに音が出てくるし、止まっていても何かしらの音が耳に入ってくる。駅のホームにいても、案内放送が入ってきたり、遠くに踏切が鳴っていたりする。そのほか、列車の接近を伝える放送や発車メロディ、ホームドアの開閉音など、常に何らかの音が発生している。もちろん、列車に乗れば、モーターの駆動音や車内放送など、様々な音が展開されている。

本書はそういった「音」に着目し、そこから鉄道の魅力に迫ることを目指してみた。通称「音鉄《おとてつ》」と呼ばれるこのジャンルは、印象としては、比較的新しいものと思われがちである。しかし、この世界は大きなブームを迎えた過去がある。動力の内燃化（無煙化）が進み、蒸気機関車の引退が相次いでいた1970年代、その豪快、かつ勇壮なドラフト音を収録しようと、ファンは全国各地に赴き、その音を追いかけた。これは当時、〝生録《なまろく》〟と呼ばれていた。まだ携帯用の録音機材などはなく、大きなレコーダーを、それこそ抱えるように持ち歩く必要があった。

1980年代には、レコードの普及もあって、より若い世代にも鉄道趣味が広がりを見せていく。この頃はまだビデオカメラが広まっていなかったこともあり、蒸気機関車やブルートレインの走行音を収録したＬＰレコードが数多く販売されていた。その後、音鉄趣味は一時的に落ち着きを見せたが、ブルートレインや絵入りヘッドマークを掲げた特急列車への人気が高まったことで、走行音に耳を傾けるファンは依然として存在した。

21世紀に入ると、インターネットの大衆化で様相は再び変化する。録音した音源をウェブサイトにアップする同好の士が増え、鉄道音についての情報交換も盛んになった。同時に、駅での列車接近合図や発車合図にメロディが用いられることが増え、鉄道の音に対する社会的な関心も高まっていった。

昨今はリニアＰＣＭレコーダーが普及しており、ＣＤと同音質、もしくはそれ以上のクオリティで音を記録できるようになっている。サイズもコンパクトで、誰でも気軽に集音活動が始められるようになった。内蔵マイクの質も向上し、もはや外付けのマイクがなくても、機材一つで音鉄趣味は始められる。

ここ数年は録音機材の高性能化と小型化、低価格化がより進み、さらに、デジタルカメラやビデオカメラ、そして、携帯電話やスマートフォンでも高音質の録音ができるようになっている。そういった流れもあり、音を愛するレイルファンは確実に増えている。

ウェブサイトなどを見ても、鉄道音を素材としたものは増える一方である。「音鉄」や「駅メロディ」、「発メロ」、「車内メロディ」、「走行音」などのワードで検索をかければ、夥しい数のサイトがあがってくるはずだ。駅メロディについては、鉄道会社自身が公式ウェブサイトで導入の経緯を紹介していたり、音源を公開したりしている。

「音鉄」がきっかけで出会える発見

音鉄趣味を楽しんでいるなかで、様々な〝発見〟に出会うことがある。例えば、地方都市を巡っていると、車内放送や駅の構内放送のなかにお国訛りや地域特有の表現を耳にする機会がある。地域による微妙なアクセントの違い程度なら、それなりの頻度で耳にできるはずだ。いくつかの例をあげてみよう。

よく知られているところで言えば、「扉」や「ボタン」のことを東日本では平音で発音するが、西日本では、それぞれ語頭の「と」「ボ」にアクセントがある。同じような例で、「車掌」も西日本ではアクセントが前にある。また、地域差ではないが、ドアを閉める際には、「ドアが閉まります」か、「ドアを閉めます」かなど、表現においても違いがあったりする。

お国訛りと言えば、乗客の会話にそれが強く、聞き取れなかったというケースは結構あるもの。筆者の経験で言えば、東北と九州ではそういったケースに出くわすことが多い。これはまさに音を通じた〝異文化体験〟と言ってもいいものである。

さらに、放送のなかにその地域独特の表現が混じったりもする。例えば、ＪＲ四国の特急列車に乗ると、自動放送が流れたあと、車掌による肉声放送が始まる。このとき、車両数の案内の際に、結構な確率で「この列車は６両つなぎです」とか「３両つなぎ」という表現が使われる。ほかのエリアだと６両編成とか３両編成と放送することが多いが、四国では「つなぎ」の表現が多い。すべての車掌がこの表現を用いるわけではないが、四国独自のフレーズと言えそうだ。

また、九州では単線区間における上下列車の交換待ちの際、「離合待ち」という表現を用いることがある。これもご当地表現の一つと言ってよいだろう。また、北海道で早朝の列車に乗ると、車掌による肉声放送で「おはようございました！」というものがあった。ただし、急速に進むワンマン化の影響で、車内で耳にすることはほとんどなくなっている。

このほか、関西の私鉄では自動アナウンスの冒頭に「みなさま」と呼びかけてから放送に入ることが多い。これは東京近辺ではほとんど見られないもので、筆者自身、大阪に向かうと、その丁寧な言葉遣いに常に感動を覚えている。

安全運行の徹底ぶりを耳でも感じる

列車の安全運行に携わる人々の仕事ぶりに触れ、鉄道員へのリスペクトを再認識するという側面も重要かもしれない。

前著『音鉄』(ワニブックス刊)でも記したが、安全輸送の定義を考えてみると、それは〝完璧〟が前提になっていることに気付く。つまり、完全な状態というものが絶対条件となっているのである。例えば、「95%の安全」だとか、「80%の安全」というものは存在せず、それはすなわち、「安全でない」ことを意味している。言い換えれば、完璧をもって初めて安全と言えるのである。鉄道は常にこれを守り、係員・スタッフはチームワークと連携で、この「100%」を実現している。すべての鉄道員が常に職務を全うしているからこそ、安全輸送は成り立っているのである。

列車の最前部、つまり運転士のすぐ後ろに陣取り、前面展望を楽しむ際には、運転席で繰り広げられるあらゆる操作に注目したい。これは鉄道好きならずとも、興奮を覚えるものである。しかも、運転士は実際の運転だけでなく、時刻の確認、指令センターや駅とのやりとりなどを決して欠かさない。さらに、信号や各種標識など、数々の対象物を確認している。そういったものをより確実にするべく、喚呼を実施する。そのタイミングの正確さや姿勢などを見ていると、運行に対しての信頼感が高まるように思えてしまうのは筆者だけだろうか。

喚呼は必ずしも声を出す必要はないそうだが、運よく新人研修期間中の運転士の列車に乗り合わせる機会があれば、一連の喚呼をよりしっかりと聴くことができる。見習い運転士がマスコンを握り、それを指導運転士が傍らでチェックする。このとき、見習い運転士が喚呼をすると、指導運転士もそれに続く。つまり、喚呼がダブルで聞こえるのである。指導運転士が二名乗車している場合もあり、そのときは三名の喚呼が運転室内に響く。

喚呼の声の大きさには個人差がある。つぶやく程度の人や、全く口にしない人もいる。ただ、新人運転士は声が大きく、初々しさと同時に鉄道員としての誇りが感じられる。また、会社によっても差異があり、ＪＲ東海をはじめ、小田急電鉄や東急電鉄、関西では阪急電鉄などは客室に聞こえるほどの声できびきびと喚呼をしていることが多い。

また、路面電車では運転士による肉声のアナウンスが頻繁に入る。運転士がヘッドマイクを付けていたり、運転席にマイクが常設されていたりすることもあり、運転士の声がそのまま車内に流れる。アナウンスは停車や通過の案内や揺れに対する注意などだが、そこにも喚呼が入る。これにも耳を傾けてみたい。

余談ながら、筆者が暮らす台湾でも喚呼は存在している。台湾が日本に統治されていた半世紀の名残である。しかも、「閉塞信号進行」の際、「閉塞《ピーサイ》、オーライ」と言う。閉塞の台湾華語（台湾式中国語）はともかく、オーライはいわゆる和製英語であり、日本統治時代の置き土産ともいうべき言葉である。

なお、列車無線の傍受については違法ではないが、第三者に公開したりすることは電波法第59条で禁じられているので、注意しよう。

境界駅での引継シーンなども

東海道新幹線では列車が発車する際、駅員による「出発よし!・」（発車ベルが流れる前）、「安全よし!・」（ドアを閉める前）という声が入る。そして、安全確認の指さし確認を経て、列車は駅を出ていく。これは今や、東海道新幹線を象徴するシーンにもなっている。本来

運転士の喚呼は眺めているだけでも背筋が伸びる。長野行き特急〔しなの〕のグリーン車最前列は音鉄趣味者にも人気が高い。

は鉄道員同士のやりとりだが、乗客もまた、これを聴くことで、無意識のうちに安心感と信頼感を得る。そして、安全かつ快適な移動を楽しむことができる。

また、拠点駅では運転士や車掌の交代・引継ぎが行われる。ＪＲであれば、会社の境界駅では必ず見られるし、私鉄でも他社乗入れの際に、こういったシーンは見られる。駅に到着すると、運転士はホームに出て、異常がないかどうかを報告し、挨拶を交わして、次の運転士が運転室に入る。ほんのわずかな流れだが、ここにも鉄道員の誇りが感じられる。

筆者は岡山から四国方面に向かう場合、特急〔南風〕や〔しおかぜ〕、快速〔マリンライナー〕のグリーン車の最前列を確保し、児島駅での交代シーンを見届ける。名古屋から長野に向かう特急〔しなの〕でも最前席を予約し、塩尻駅での交代シーンに目を向ける。動画で記録するという方法もないわけではないが、やはりカメラを向けるのは失礼になることもあるので、耳を傾ける程度にしている。

そのほか、国内ではすっかり見られなくなってしまったが、タブレットキャリアの受渡しシーンや、駅長室内に響く通票閉塞機の音色も希少な音源である。また、関西の私鉄や路面電車などで耳にする連打式ベル制御器も見逃せない。ドアが閉まったあと、発車合図として「チンチン！」と鳴るもので、これもまた、鉄道特有の運行管理のシーンといえる。

消えゆく鉄道の音を記録しよう

鉄道は常に進化している。技術面はもちろん、運行形態からサービス内容の変更など、あらゆる変化とともに鉄道は存在する。当然ながら、経営状態や収益事情による変化も多く、合理化によって消え去っていくものも多い。

そんななかで、消滅してしまう〝鉄道音〟も少なくない。例えば、年々数を減らし、今や風前の灯となっている吊掛駆動車をはじめ、動態保存される蒸気機関車も運行回数が減っている。さらに、旧式踏切の警報音も絶滅寸前の状態だ。定期運行される夜行列車も寝台特急〔サンライズ出雲・瀬戸〕を残すのみとなっており、客車列車も全廃の危機に晒されている。

車内放送についても変化が見られる。全国的に、車掌が乗務しないワンマン化が進み、自動放送が導入されたことで、肉声による案内放送は急速に減っている。地方私鉄や第三セクターは言うまでもなく、ＪＲでも、北海道や四国、九州では、都市部を除いて列車の大半がワンマン化されている。当然、車掌による、味わいのある肉声のアナウンスは少なくなっている。

駅弁は今も昔も変わらぬ人気を誇っているが、多くは売店での販売となり、なかにはコンビニで購入しなければならないケースも増えている。かつて、ホームに響きわたっていた売り子たちの声は、ほとんど過去のものとなってしまった。

車内販売も減少が著しい。２０２３（令和５）年10月をもって東海道新幹線からワゴンによる車内販売が終了となり、〝走る喫茶室〟の伝統を誇った小田急電鉄のロマンスカーも、２０２１（令和３）年３月のダイヤ改正でワゴンサービスが終了となった。新幹線に限らず、在来線でも車内販売の売り子の声を耳にすることはほとんどできなくなっている。

車販スタッフの独特な言い回しやフレーズは消滅寸前であり、車端部の離れたところからやってきて、脇を通り過ぎ、そして離れていくという音量の変化も体験できなくなりつつある。これもまた、記録しておきたい音の風景である。

さらに、ローカル線の廃止や地方私鉄の経営不振、厳しい収支状況に苦しむ第三セクターの鉄道会社など、明るくない話題が多い昨今だが、それでも鉄道は地域住民の足として、立派に機能している。こういった鉄道の車内放送や乗換案内、運転士と駅員のやりとりなどを記録しておくと、かけがえのない音源となるだろう。高校生を満載した朝夕の車内音も、その土地や歴史を知るうえでの重要な記録となっていくはずだ。

これらのデータはきっと何年かしたら、往時を偲ぶ貴重な音源になる。その姿を臨場感たっぷりの「音」で記録したいところである。

音風景（サウンドスケープ）のススメ

多種多様な鉄道音の世界。そのバリエーションは豊富で語り尽くせるものではないが、そういった素材をすべて取り込み、環境音としてとらえてみるのも興味深い。つまり、核となるのはあくまでも鉄道に関する音だが、そのほかの音も織りまぜて、全体を一つの「音風景（サウンドスケープ）」に仕立てていくというスタイルである。鳥のさえずりや虫の鳴き声、時には居合わせた人々の会話なども盛り込んで、〃その時間、その場所の空間〃を音で切り取ってみよう。

例えば、セミの鳴き声が入れば「夏」という季節感が出るし、カエルの合唱などは「夕刻」という時間的なニュアンスを表現できる。地方都市なら乗客の会話にお国訛りが混じるし、車外からは児童の帰宅を促す放送や学校のチャイム、防災行政無線の時報などが入ってくることがあるかもしれない。

人里離れた線路端で録音していると、そよ風に揺れる草木の音が入ってきたり、沿岸部では遠くに波の音が聞こえたりする。さらに、日頃は雑音としか思えない選挙演説や街宣車なども、時間をおいてみると時代性がにじみ出てきて興味深いものに変化したりする。

なお、駅構内の音風景を収録するときと同様、サウンドスケープの集音も〃広がり〃が重要な要素となる。指向性の強いマイクは用いず、録音機材に内蔵されたマイクで手軽な録音を試してみよう。ロケーションにはこだわりたいが、機材さえあれば、音鉄趣味はすぐにでも始められる。

鉄道の音をどう楽しむか？

録音した音源をどのように楽しむか。これはある意味、壮大なテーマである。旅先に身を置き、そこで展開される音を聴いて楽しむというだけでなく、そこにある音源を記録しておけば、帰宅後、好きなときにいつでもその情景に触れられる。また、数年経ったあと、自身の旅を振り返るきっかけにもなるだろう。

録ったデータは単なる音源に過ぎない。しかし、録音をした当人にとっては、自身の体験と密接なつながりをもつ。言い換えれば、録音データは記憶をたどる手がかりである。写真がそうであるように、音源もまた、思い出を手繰り寄せるためのアイテムなのである。

具体的な音源の楽しみ方は、人それぞれである。ヘッドホンを用意してじっくり聴くのもいいし、仕事や勉強をしながら、音源をかけっ放しにするというのもいい。さらに、鉄道好きの友人たちとおしゃべりする際のＢＧＭにしたり、模型製作やコレクションの整理をするときにかけてもいい。

列車の車内音などで長時間録音ができれば、それをかけながら、勉強や仕事に打ち込むというのもおすすめだ。通勤時間中に本や新聞を読むことを習慣にしている人は多いが、それと同様、デスクワークのBGMとして考えれば、集中力を高めることができるかもしれない。ただし、警笛や車内放送が頻繁に入る音源はおすすめしない。

ぜひやってみてほしいのが、部屋のあかりを消して、目を閉じ、気を静め、音源を聴きながら、旅の様子を思い描くこと。音を聴くことに集中すると、録音の際に駅ですれ違った人の表情や、線路端で見かけた子犬の姿、車窓に広がる田園風景や駅そば屋から漂ってきた香りなど、一つの音源からいろいろな思い出が蘇ってくる。リラックスしながら、記録した音源に耳を傾け、撮影した写真などを眺めるのもいいだろう。これはもはや、音を用いた〝もう一つの旅〟とも言える。

そして就寝時、横になって、録った音源を聴きながら眠りにつくという使い方にも触れておきたい。静かな車内で録音した走行音をかけながら休んでいると、想像以上に心地よく安眠の世界に向かうことができる。筆者の場合、携帯用ICレコーダーに睡眠用音源のフォルダーを作り、1時間程度の長さの音源を入れておく。これを聴きながら休むと、眠りに落ちる頃には自動的に電源がオフになる。軽快なジョイント音（線路の継ぎ目を通過する際に発生するガタンゴトンという音）がアルファ波を誘発するのかどうかは不明だが、安眠効果があることは確かなようである。

また、駅の発車メロディを携帯電話の着信音にするとか、列車の警笛や車内メロディをパソコンの起動音にするなど、楽しみ方はまだまだある。最近は駅メロディや自動アナウンスに特化した秀逸なウェブサイトも多いので、こういった音源を聴きながらの作業も楽しい。また、鉄道模型のレイアウトに見合った音を編集し、運転時にかけるというのも面白いだろう。アルバムやスタンプの整理をしたりしながら走行音を聴くというのは、思いのほか楽しいものである。

まさに、音鉄趣味は無限大の魅力を秘めているのである。

第2章

音鉄趣味の分類学

多種多様な鉄道音の世界

「音鉄」という趣味を分類してみると、数多くのジャンルがあり、幅があることが分かる。本章では音鉄と呼ばれる世界を分類しながら、その魅力に迫ってみたい。

最も一般的と思われるのは、車両へのこだわりである。動力や形式による違いはもちろん、たとえ形式が同じであっても個体差や年代差というものが存在したりして面白い。列車に乗って移動をすれば、必ず耳に入ってくる音源でもあり、これに着目してみると、新しい世界が広がっていることが容易に分かる。

続いて走行音だが、これは車両と連動しているものの、走る区間によって個性が出てくる。勾配の具合や線路の状態、レールの規格などによって、音には変化が生じる。これらを聴き比べしてみると、意外な奥深さに出合える。リズミカルなジョイント音も魅力的で、これは気に留めなければ、誰もが通り過ぎてしまう存在だが、それだからこそ、耳を傾けてみたい音源ともいえる。

線路端で列車が通過していく様子にも注目してみたい。これは鉄道という交通機関ならではの音源である。長大編成の列車は年々減っているが、静寂を突き破りながら迫ってくる列車に耳を傾け、音でそれを記録してみてはいかがだろうか。なお、どうしても新幹線をはじめとする高速列車をイメージしてしまうものだが、実はガタゴトと音を立てながらやってくる地方私鉄も魅力的だ。こちらにも注目しておきたい。

「放送」も奥の深い世界である。世界を見回しても、日本ほど懇切丁寧な案内放送をしている国はなく、日本が世界に誇れる文化のひとつといえよう。しかし、列車内にしても駅構内にしても、車掌や駅員による案内放送は、合理化の進行に伴って減少し、自動アナウンスが主流になりつつある。もはや肉声放送よりも自動アナウンスのほうがよく耳にすると言ってもいい。そういった状況はあるものの、言い回しに地域差があったり、事業者によって表現が異なったりと、個性は豊かだ。じっくりと耳を傾けてみよう。

さらに駅メロディの世界は、今や音鉄の世界で最も人気の高いジャンルといってもいい。これは発車メロディと列車接近メロディに分かれるが、まさに〝珠玉の玉手箱〟というような状態である。わずか10秒足らずの長さに個性とオリジナリティを注入していくのは、もはや〝術《わざ》〟と表現するべきだろう。ちなみに、この駅メロディという世界もまた、日本が世界に誇れるものであり、日本の文化である。

走行音と車内音

鉄道から見た「音」の世界は、想像を超える奥深さとバリエーションを誇る。モーター音に始まり、車内放送やドアの開閉音、台車から伝わってくるジョイント音、そして停車中のアイドリング音など、こういったものが絡み合って音風景（サウンドスケープ）を形成している。そのなかで、車内音はまさに欠かせない存在であり、音鉄という趣味においても、重要な位置を占めるジャンルである。

気にしてみて初めて気付かされることでもあるが、車両のどの辺りで音を楽しむか、これによって大きな差異が生じる。車内の音を聴くだけであれば、そこに身を置くだけで、その世界に触れられる。しかし、乗客が多ければ、話し声なども普通に入ってくるし、エアコンが作動している時期は、その稼働音が入ってくる。録音を楽しみたい場合、こういったものにどう対処するかが課題となる。

車内音の楽しみ方としては、電車であれば動力車を狙うのが定石。言うまでもなく、モーターの音がそのメインとなる。賑やかさを盛り込むなら、車両のデッキに近い場所がいいし、車内放送やチャイムを重視したければ、スピーカーの位置を確認したうえで、車両の中ほ

モーター車に陣取るのが音鉄の定石だが、ジョイント音を重視して「サハ」を選んだり、警報音や運転士の喚呼を重視して、「クハ」や「クモハ」を選んだりする。播但線を走る103系3500番代。

どを選ぶことが多くなる。

　ジョイント音というものも存在感を放っている。レイルファンでない人が鉄道の音をイメージする際、多くの場合、「ガタンゴトン！」という音のイメージを抱いている。昨今はロングレール化が進み、必ずしも「ガタンゴトン！」ではないのだが、やはりその印象は強いようである。

　ジョイント音をメインに楽しみたい場合は、必ずしもモーター車がベストとは限らない。警笛をアクセントとして盛り込みたいときには先頭車両の「クハ」や「クモハ」がベストになる。最前部に陣取っていれば、運転士の喚呼も耳にできる。そして何より、混雑度が比較的低い傾向にあるのが嬉しい。

　また、付随車「サハ」も捨てたものではない。車両中間部で車内に響きわたるジョイント音や、車内放送などをクリアに楽しめる。また、車両の端部で豪快なジョイント音を楽しむことも可能だ。

車内音を楽しむ場所選び

　気動車の場合はエンジンがどの位置にあるかをふまえ、ベストな場所を探してみたい。結論から言えば、椅子の上か床置きで録音するといい。ただし、床置きの場合、思っている以上に音が大きく、また、震動もあるため、音割れしてしまうことが少なくない。なお、同じ車両でも、場所によって響き具合は変わってくる。エンジンに近い場所でダイナミックな音を楽しむことが多いが、あえてエンジンから離れてみることでも気動車らしい唸りを耳にできる。

　特に北海道や四国の特急列車、またはＨＯＴ７０００系特急「スーパーはくと」やキハ１８７系など、いわゆるハイパワーな気動車の音を記録する際は、床下から響いてくるエンジンの唸りを強調してみたい。同時に定尺レールで奏でられるジョイント音も重要なので、やはり、床置きか椅子置きがおすすめ。床に機材を置く場合、スポンジか布を下に敷くと音割れがしにくくなる。

２０２２（令和４）年３月12日のダイヤ改正で、特急〔おおぞら〕のキハ２８３系が多くのファンに惜しまれつつ引退したが、２０２３（令和５）年３月18日から特急〔オホーツク〕と〔大雪〕で奇跡の大復活を遂げた。この車両は空調装置を屋根上からデッキ部分に移設した関係で、温度調整の際に、加減速とは別にエンジンが唸る。夏場を中心に、他の気動車とは異なる独特な唸りが繰り返されるので、特急〔オホーツク〕と〔大雪〕はぜひ空調稼働時に乗り、小刻みなジョイント音とあわせて走行音を楽しみたい。

そして、今やすっかり風前の灯となっているのが客車列車である。乗れる機会そのものがイベント列車や観光列車に限られるが、まず考えられるのは車端部の台車近くでの録音。そして、網棚の上に機材を置いた録音だ。これは客車列車に特有の「停車中の無音状態」がしっかり押さえられる録音方法でもある。さらに、ステレオの機能を活かし、車内の中央部で機材の向きを枕木と平行にして置く方法がある。こうすると、ジョイント音が左から右へ、もしくはその逆に、流れて聞こえるような録音ができる。単調になりがちな客車の走行音も、こうしてみると味わい深いものになる。

バイノーラルマイクと試行錯誤

車内音の録音は、普通に席に座り、シートやカバンの上に機材を置くのが定番といえる。車内の音を忠実に記録するなら、座らずに、自身で手に持って録音するというのも考えられるが、接触による雑音が起きやすいので、注意が必要だ。

バイノーラルマイクも有効だ。これはイヤホン型をしているマイクで、自分の耳の位置に入ってくる音を忠実に集音できるという代物。最近は1万円程度で購入が可能になっている。バイノーラルマイクの利点は音だけではなく、外から見ると、音楽か何かを聴いているように見えることである。録音をしている姿というのはこちらが想像している以上に目立ち、怪しいものなので、バイノーラルマイクを用いる意味は小さくない。

録音場所については、試行錯誤を繰り返し、自分好みの場所を探していこう。そういったときに有効なのは〝チャーター〟である。路面電車などは比較的安価で貸切ができるので、同好の士で集まり、こういった機会を生み出せれば、複数の機材を持ち込み、設置場所を変えながら、録り比べをしてみるといい。同じ車内でも位置によって録音成果に差があることに驚くはず。改めて、音鉄趣味の奥深さを認識する瞬間である。

ジョイント音を追う。短尺レールと連接台車

車輪がレールの継ぎ目を越える際に起きるジョイント音。これは多くの人が気付かないままに親しんでいる鉄道音である。

通常、レールは長さ25メートルのものを基本とし、これを定尺レールと呼ぶ。ジョイント音はリズミカルに思えるが、車両の長さや台車の位置が変われば、リズムも変わってくる。〝鉄道の音〟に気を向けて初めて分かるものだが、これがなかなか耳に心地よいものである。ただし、揺れと騒音の元凶でもあり、最近は継ぎ目のないロングレール化が進められている。なかにはレールの継ぎ目を溶接してスムーズな走りを試みるケースもある。ロングレールは新幹線をはじめ、都市部の鉄道や幹線において確実に増えており、ジョイント音そのものが楽しめないという状態もある。

一方、北海道や四国、山陰地方などでは幹線であっても定尺レールが幅を利かせている。

そこを高速で走る特急列車は、スピード感がたっぷりで録音向きだ。速度が高いため、ジョイント音はかなり小刻みになり、そこに気動車特有の力強いエンジン音が絡んでくる。床下から響いてくる音は迫力を感じるほどである。

線路のあるところなら、どこでもジョイント音は楽しめるが、平坦な区間を走る路線よりも、勾配があるほうが音に幅が出る。例を挙げるなら、陸羽東線は小牛田〜古川間では大崎平野の田園地帯を走る。これが山越え区間に入ると、音の雰囲気が一変する。そして、奥羽山脈の分水嶺を越えると下り坂に入り、軽快なジョイント音が戻ってくる。

定尺レールよりも長さが短いものは「短尺レール」と呼ばれる。年々減ってはいるものの、地方私鉄やローカル線にわずかながら残っており、こちらも独特なジョイント音を奏でながら列車は走る。駅構内のポイントや長さの調整をするための短尺レールは全国どこでも見られるが、短尺レール区間となると、多くはない。

岐阜県を走る長良川鉄道越美南線は全長72・1キロの長大路線だが、短尺レール区間を楽しめる路線でもある。特に、美濃白鳥駅から北の区間で短尺レールが残っている。それなりの速度で走るので、軽快さが加わり、いい音色となっている。また、第4種踏切を通過する際には、警笛もよく鳴らす。

長良川鉄道には短尺レールが残り、軽快なジョイント音が楽しめる。狙い目は美濃白鳥駅以北の区間。

自然災害を受けている小湊鉄道の終点付近、養老渓谷～上総中野駅間にも短尺レールが残っており、ここでは年代物の気動車の音と打鐘式の旧式踏切をあわせて楽しめる。また、会津鉄道会津線では、会津山村道場～七ヶ岳登山口間に短尺レール区間が残っている。ここの場合、通勤型車両で短尺レールのジョイント音が楽しめる。

なお、海外に目を向ければ、タイなどでは継ぎ目が交互になっていることが多く、厳密には短尺レールではないが、〃擬似短尺〃などと呼ばれている。こちらは現役なので、ごく普通に耳にできるジョイント音だ。

また、独特なジョイント音を奏でるという意味では、連接台車にも注目したい。これは車両と車両の間に台車を置き、車体を繋げているもので、日本では多くないが、いくつかの路線で見られる。

連接台車は当然ながら通常の台車とはリズムが異なる。やはり長大編成であればあるほど個性が際立つ。たとえば、東急世田谷線や広島電鉄など、路面電車の低床車でも見られるが、編成が短いと物足りなさを感じがちだ。そんななか、珠玉の存在だったのが小田急電鉄のロマンスカーたちだった。惜しくも引退した〝VSE〟50000形は、筆者も多摩川橋梁や酒匂川橋梁の脇で録音を楽しんだ。現在、〝HiSE〟10000形が長野電鉄の1000系として活躍を続けている。こちらは4両編成なので、小田急時代に比べるとやや物足りないが、往時と変わらぬ連接台車の音を耳にできる。

連接台車のジョイント音であれば、江ノ島電鉄がおすすめ。1000形（後期車を除く）であれば、吊掛車の駆動音とあわせて楽しめる。また、福井鉄道に譲渡された元名古屋鉄道岐阜市内線・揖斐線の770形は、今やそれなりの速度での運転を実施しており、軽快なジョイント音を奏でている。

ＪＲ北海道では動物との衝突対策もあり、トンネル進入時にホイッスルを鳴らすことが多い。これを狙ってトンネルの近くでマイクを構えるのもおすすめだ。

線路端で通過音を楽しむ

鉄道が持つ〝迫力〟を感じるなら、通過音に注目したいところである。新幹線や特急列車はもちろん、力強さが感じられる貨物列車やローカル線らしさが感じられる単行の気動車など、それぞれ飽きのこない楽しみがある。

線路端の録音は場所選びが重要である。早めに現場に赴いて、状況を把握しておきたい。通行人の有無や交通量などを掴んでおけば、よりよい音が収録できる。本数の少ない閑散路線では難しいが、たとえロケハンが無理でも、事前に一度は実際に乗車して、録音ポイントをチェックしておきたいところである。

橋梁の通過音も魅力を多分に含んでいる。長大編成の貨物列車の通過シーンなどは迫力があって録音向きだ。例えば、鹿島線の利根川橋梁は付近一帯が静かなこともあり、重厚な通過音が周囲に響きわたる。また、東海道本線や常磐線などのように、15両編成という長い列車が走っている区間でも、橋梁の通過シーンを楽しみたい。

蒸気機関車のドラフト音については、駅との距離感や勾配区間を事前に調べておけば、場所選びにとても有効だ。ただし、蒸気機関車の場合、煙を求める撮影ファンと場所が似通ってくるので、会話やシャッター音が入らない静かな場所を探すようにしよう。

注意したいのは、列車の安全運行を妨げる危険な行為である。線路端といっても鉄道用地に入り込むことは厳禁。そして、列車通過の際に起こる風への対策。これは線路から離れることで解決できる。筆者の経験では、やや離れすぎかと思うくらいのほうがいい音が録れる。これは定期運行と、自らの安全を保つ意味でも、必ず守るべきルールと考えよう。

駅の音を追う

　鉄道路線があれば、当然、駅が存在する。列車の発着シーンはもちろん、案内放送や乗降客が生み出す雑踏など、その空間には無数の音源が存在している。構内放送や自動アナウンス、チャイム、発車メロディや列車接近メロディ、ベル、ブザーなど、様々な音が混在した鉄道ならではの空間である。

　実際、ホームに立ってみれば、必ずや何らかの音が聞こえてくるはず。ベンチに座り、目を閉じて、周囲の音に耳を澄ましてみるもよし、ホームの先端に立ち、駅構内全体に耳を傾けるもよし。さらに跨線橋があれば、構内を俯瞰してみるもよし。同じ駅構内でも、立ち位置を変えると、異なった響き方をしていることに気付く。それぞれの音源が相互に絡み、作用しながら我々の耳に届いてくるのである。

　利用者の立場からみると、最も接点が多いのは、自動アナウンスや駅員による案内放送だろう。そこにはベルやメロディが絡み、さらに列車の発着シーンが加わる。耳を傾けるだけでも興味深い音風景（サウンドスケープ）だが、こういったものを録音してみると、その臨場感がダイレクトに記録される。それぞれの音源は単独で存在するものだが、それぞれを絡めることで、複合的なサウンドシーンになる。鉄道駅ならではの音源を創りあげたいものである。

駅のサウンドスケープとしては、やはり数多の列車が発着するターミナル駅の喧騒を押さえておきたい。やや長めの案内放送が入り、接近メロディが鳴ったあと、重なるように注意喚起のアナウンスが入る。そして、ゆっくりと列車が入線。停車中も案内放送が絶え間なく続き、降車客に向けての案内が繰り返される。そして、発車ベルが鳴り響くと車掌の笛が響き、ドアが閉まる。その後、ほんのわずかな静寂を挟み、列車はホームを離れていく……。

また、歴史ある幹線には、ホームが異様なほどに長い駅がある。特に北海道や九州でよく見られるが、こういった駅なら、できるだけ、ホームの先端部でマイクを構え、ある程度離れた位置で迫りくる列車を集音するのが面白い。北海道の場合、滝川駅や深川駅などは構内が広く、しかも雑音が少ないので、録音向きの環境だ。できれば列車到着前の放送から発着シーンを記録してみたい。ただし、近年ではホーム端の列車の止まらない箇所に柵が設置されているケースも増えている。

貨物列車が多く運転される幹線系統の拠点駅も狙い目だ。数多くの貨物列車が発着し、

札幌駅は高架ながら広い構内を誇る。屋根があるため、構内アナウンスの響き具合が良好だ。

〔のぞみ〕や〔はやぶさ〕の通過音を収録してみよう。長大編成が5秒あまりで通過し、新幹線の速さを改めて思い知る瞬間だ。相生駅を通過する〔のぞみ〕。

同時に構内が広いという環境であれば、ホームからでも多彩な音源を記録できる。例えば、東北本線の郡山駅や小牛田駅、山陰本線の米子駅、通過音であれば、鹿児島本線の小倉駅なども構内が静かなので、豪快な音を狙うことができる。

また、あえて地下駅や高架駅を選んで録音してみるという手もある。地下駅であれば、当然反響が大きく、独特な響き具合が出てくるし、高架駅の場合、スラブ軌道であることが多いので、響き方が大きくなる。札幌駅や旭川駅、富山駅、金沢駅、福井駅など、駅全体がすっぽりと包まれている雪国の駅構造は、程よく反響があって録音向きである。

駅メロディの世界を追う

列車が駅に入ってくることを知らせる接近メロディ。そして、列車が出発する際に流れるのが発車メロディだが、両者をあわせて「駅メロディ」と名付けておこう。

もともと、列車の出発を告げ、乗降を促すためには、ベルが使用されていた。さらに遡れば、鐘ということになる。最初の発車ベルは1912（明治45）年1月8日に上野駅で採用されたと言われている。それ以降、長らく発車ベルの時代が続いていたが、1980

年代後半からメロディ化された音源が増え、徐々に置き換えられていった。その後はいわゆる〝ご当地もの〟も登場し、人気を博した。なお、ウェブサイト『ご当地駅メロディー資料館』によると、知りうる日本最初のご当地駅メロディは豊肥本線豊後竹田駅の『荒城の月』（瀧廉太郎）で、１９５１（昭和26）年5月14日に使用開始となっている。

ベルについては、目覚まし時計に似た金属製ベルの電鈴音と、「プルルル」という音色の電子音のベルに二分される。両者はいずれも乗客に発車を伝え、乗降促進の通知を目的としていたが、いきなり鳴り響くけたたましい音は好き嫌いが分かれていたようである。そういうこともあって、首都圏では１９８９年（平成元）年3月11日に新宿駅と渋谷駅でメロディの導入が始まり、全国に広まっていった。現在、発車ベルは少数派になっているが、目覚まし時計に似たベル音は、筆者が暮らす台湾では健在で、この音を聴きたくて台湾にやってくるファンもいる。

東京地下鉄（東京メトロ）では、帝都高速度交通営団時代に採用されたブザーが長らく使用されていた。これは通称〝営団ブザー〟と呼ばれて親しまれたが、１９９１（平成３）年の南北線開業以来、「発車サイン音」の名でメロディが導入されている。現在、営団ブザーはすっかり数を減らしており、耳にできる駅は丸ノ内線の茗荷谷、千代田線の北千住などに限られ、圧倒的少数となっている。

列車接近メロディは、主に西日本で数多く採用されている。これは列車がホームに入ってくる際、乗客に注意を促すために流れるメロディだ。通称は「接近メロ」。バリエーションが豊富で、全体的に明るい旋律のものが多い。

1990年代から普及した駅メロディは、徐々に個性を競うようになった。多様なメロディが採用されるようになったのは2000年くらいからだが、今や数えきれないほどのバリエーションを誇っている。ご当地駅メロディは、自治体とのタイアップや観光客誘致、地域のイメージアップなど、様々な意図を含みつつ、増加傾向にある。ご当地ソングや市民歌、地元球団やチームの応援ソングなどをメロディ化しているところもある。

私鉄については大手各社が比較的導入に熱心だ。一方、地方私鉄でも、ご当地もののメロディのほか、伊予鉄道のように、会社独自のメロディを用意していることがある。各社がそれぞれ個性を競っており、地域密着型の駅メロディは年々増えている。

余談ながら、海外ではベルや鐘などを使用することが多い。発車の合図が全くないというところも少なくはない。しかし、駅メロディと呼べるものがある国もあり、フランス国鉄（ＳＮＣＦ）はターミナル駅のチャイムにオリジナルのメロディを導入している。また、台湾の都市交通システム（ＭＲＴ）でも乗換駅を中心に、路線別の列車接近・入線メロディが導入されている。

放送とアナウンス、車窓案内

車内放送も深みのある存在だ。本来は停車駅や主要駅の到着時刻、乗換列車の案内、そして、車内マナーの啓発などが目的だが、鉄道旅行の雰囲気を支える重要なムードメーカーでもある。

最近は半導体メモリを用いた自動放送が多くなっているが、音鉄としてはやはり肉声放送に惹かれる。お国訛りを耳にすることはすっかり減ったが、車掌が美声の持ち主だったりすることもあり、興味が尽きない。

心のこもった親切な放送というものもある。例えば、神戸新交通、通称「六甲ライナー」では、車内放送でエレベーターの位置まで丁寧に教えてくれる。編成はわずか３両で、車両も小さいため、当然、ホームは短い。エレベーターの位置を車内放送で教える必要性はないようにも思えるが、親切であることは悪いことではない。

一方、愛知高速交通（リニモ）では、車内マナー向上の放送で、「車内での化粧、飲食や携帯電話での通話など、ほかのお客様の迷惑となる行為はおやめください」という自動アナウンスが入る。車内での化粧をはっきりと禁止事項に挙げる放送はめずらしく、全国でもここだけと思われる。

また、すっかり数を減らしている車内販売スタッフによる放送もある。これは基本的に肉声による放送で、自動放送は少ない。イベント列車や観光列車であれば、オリジナルグッズや記念品など、扱っている商品が多く、具体的な商品説明や限定販売商品の案内、営業開始や終了時間のお知らせも入る。

路線や区間によっては、車窓案内が行われることがある。JR東日本の快速〈リゾートしらかみ〉や快速〈海里〉といった観光列車、JR西日本の〈SLやまぐち号〉、JR九州で人気の「D&S列車」などでは、車窓案内が頻繁に入り、しかも内容が詳しいので、録音してみるといい思い出になりそうだ。JR四国も〈四国まんなか千年ものがたり〉や〈伊予灘ものがたり〉で、アテンダントが車窓案内をしてくれる。

北海道では〈くしろ湿原ノロッコ号〉と〈富良野・美瑛ノロッコ号〉で、肉声による車窓案内が入る。この両列車は今や貴重な客車列車であり、走行音そのものが録音対象にな

釧網本線を走る観光列車〔くしろ湿原ノロッコ号〕。今や貴重な存在となった客車列車の音を楽しみたい。

り得る。ジョイント音をしっかり楽しみたいが、丁寧な車窓案内も手作り感があって好印象だ。余談ながら、旭川～美瑛間は制限速度いっぱいの時速75キロ運転となり、観光列車らしからぬ豪快な走りに触れられる。そして、〔くしろ湿原ノロッコ号〕の１号車は自由席車で、50系51形に乗れる貴重なチャンスだ。

日頃はビジネス利用の多い特急列車でも、風光明媚な場所を通過する際には案内が入ったりする。例えば、羽越本線を走る特急〔いなほ〕は、日本海や鳥海山といった車窓が楽しめるが、桑川駅付近では名勝「笹川流れ」の肉声による案内が入る。〔いなほ〕に使用されるＥ６５３

肥薩おれんじ鉄道のレストラン列車〔おれんじ食堂〕。沿線案内の内容はスタッフたちがアイデアを出し、決めているという。

系1000番代には、車両の定員が18名という贅沢すぎるグリーン車があるので、ここでくつろぎながら放送を楽しみたいものである。

また、名古屋～富山間の特急〔ひだ〕では、高山本線の案内や犬山城や木曽川、飛騨路などの自動案内が日本語と英語で入る。さらに、土讃線などを走る特急〔南風〕では、大歩危・小歩危、瀬戸大橋などで、自動放送による車窓案内が入る。

観光需要の多い列車では自動放送に組込まれているが、それ以外の路線は車掌の判断によることが多く、観光シーズンであるかどうか、時間帯、季節、天候などによっても状況は変わる。放送内容も決まったものではなく、多くの場合、オルゴールやメロディは鳴らさず、いきなり放送が始まるので、注意しよう。

車内放送に学ぶ表現と言い回し

車内や駅の放送をじっくり観察してみると、意外な発見がある。

例えば、「特別急行」という表現。通常なら「特急」という表現が用いられるところだが、北海道ではごく普通に「特別急行」である。駅構内の自動アナウンスや肉声放送でも「釧路行き特別急行おおぞら」とか、「稚内行き特別急行サロベツ」などという表現が使われる。そして、車内放送でもこの表現は耳にできる。日本から急行列車が姿を消して久しいが、「特別な急行列車」という表現はいつまでも残ってほしいものである。

北海道の特急列車や快速〔エアポート〕では、始発駅を出る際にアイヌ語の「イランカラプテ（こんにちは）」と挨拶が入ったり、沖縄都市モノレール「ゆいレール」の駅では「しまくとぅば（島言葉）」の放送があったりする。11ページでも触れた四国の「〇両つなぎ」、九州での「列車の離合」などの表現も、車内放送で耳にできる。

関東と関西という地域による違いにも注目したい。これはJRよりも、私鉄に顕著である。まずは言葉遣いの違いで、関東よりも関西のほうが丁寧な表現という印象を受ける。たとえば、自動放送の冒頭は「みなさま」で始まり、「ございます」で終わる。語尾は「です」、「ます」ではなく、「ございます」、「いたします」となっている。それ以外にも、関東では「まもなく発車します」という表現をよく耳にするが、関西では「ただいま発車します」ということが多い。

また、阪急電車では乗り場の呼称が「○号線」となる。乗り場の表現は「○番線」、「○番のりば」と案内するところが多いが、阪急は独自に「○号線」である。これは駅のアナウンスでも耳にできる。そして、近畿日本鉄道では「終点」や「終着」という表現を使用せず、終点駅に到着する際の放送は「この電車はここまでです」という表現が用いられる。これも関東地方ではあまり耳にしない表現である。

ちなみに阪急では、今でこそ駅名が大阪梅田、京都河原町に変わったが、かつては梅田、河原町の各駅を放送する際、大阪梅田、京都河原町とアナウンスしていた。新開地については神戸新開地とアナウンスするが、神戸新開地の表現は大阪府内の駅だけで実施され、兵庫県内では「新開地」のみとなる。

英語放送に目を向けると、これも会社によって個性がある。まずは駅名を英語らしい発音で言うのか、日本語のまま言うのか。例えば、岡山電気軌道の車内アナウンスや札幌市営地下鉄の英語放送は、駅名の発音がかなり英語的だ。札幌の場合、自衛隊前駅は「ジィエイタイマーエ」、南平岸駅は「ミィナミィヒラーギスィ」、札幌も「サッポゥロゥ」と聞こえる。一方で、都営地下鉄などは、駅名部分だけが完全な日本語で読み上げられる。どちらの方がいいのかという議論はさておき、こういった違いにも注目してみたい。

外国語の放送については、政府の方針もあり、多言語放送が増えている。英語のみならず、中国語や韓国語の自動アナウンスも、今やめずらしいものではない。海外からの旅行者の多いＪＲ北海道の特急列車は、日本語、英語、中国語の三カ国語放送となっているが、特急〔フラノラベンダーエクスプレス〕や〔ノロッコ号〕などは、これに加え、韓国語の放送が入る。特急〔オホーツク〕などは、札幌駅と旭川駅出発後の放送で、中国語でもすべての停車駅の名を読み上げる。

かつては長野オリンピックの際、北陸新幹線（当時は「長野行新幹線」と案内）にフランス語の放送があったり、名古屋市営地下鉄東山線の名古屋駅到着時には、ポルトガル（ブラジル）語の放送があったりしたが、それは過去の話となってしまった。

熊本市内を走る路面電車。主要電停のみ英語放送が入る。電停名を英語で二度繰り返す。ありそうで意外に少ない放送パターン。

昨今は鉄道会社が公式チャンネルを持っているケースが増え、そのなかでアナウンス担当の声優を招いたりしている。興味深いエピソードが次々と出てきているので、チェックしてみよう。

人気の蒸気機関車を追う

動態保存される蒸気機関車。力強い走りとドラフト音は、ほかの乗り物には見られない鉄道音独自のもので、誰をも魅了する。

現在、蒸気機関車が牽引する列車は全国各地で見られるが、当然ながら、その数は多くない。また、週末や観光シーズン限定の運行というのが大半を占め、観光需要も大きいため、乗車率は高い。さらに、最近は窓の開かない客車が増えており、音も匂いも車内では感じられないという状況もある。

蒸気機関車の音を最大限に楽しめるのは、駅の出発時と勾配を上る区間である。動力にかかわらず、鉄道音は特に発車時に最も大きな音の変化が現れる。乗らずに音を記録するのであれば、駅から少し離れた場所か線路端になるが、いずれにしても、汽笛が鳴ると音割れする可能性が高くなるので注意したい。

また、蒸気機関車は環境によって音が変わってくる。勾配の有無は明らかだが、その日の天候や湿度などによっても変化は生じる。季節による変化もあり、特に冬場はダイナミックな蒸気機関車のドラフト音が際立つ。釧網本線の「ＳＬ冬の湿原号」などで、その音色に触れてみよう。

蒸気機関車が牽引する列車はどれも人気があり、車内が空いているということはほとんどない。一般的には往路の列車に人気が集中し、復路の列車は比較的空いている。しかし、どの列車も総じて往路の列車に勾配区間があるため、復路の列車では駅出発時くらいにしかドラフト音が楽しめない。そんな悩ましい現実もある。

それでも、蒸気機関車の音を記録したいと思う音鉄趣味者は少なくない。秩父鉄道の「パレオエクスプレス」のように、都心からアクセスが便利な列車は、いつ行っても混雑しているが、録音を楽しんでいるファンを頻繁に見かける。また、乗車時間が長い大井川鐵道や〔SLやまぐち号〕、〔SLばんえつ物語〕は、車内で録音を楽しむファンが多い。ただし、この場合、トンネル進入時には、ほかの乗客に迷惑がかからないよう、窓は早めに閉めるようにしたい。なお、〔SLばんえつ物語〕は7号車がグリーン車となっている。特に上り新潟行きは最前部となり、迫力満点のSLを堪能できるが、窓が開かず、密閉率も高いので、残念ながら、音鉄向きではない。

蒸気機関車の録音で最も注意しなければならないのは「音割れ」である。音量のみならず、その甲高さも要注意で、機材によってはこの音の領域を受け止めきれないものもある。そして、警笛・汽笛が鳴った場合は、特に音割れする可能性が高い。これは電気機関車やディーゼル機関車でも同様で、想像以上に音量があり、音域も広いので注意が必要だ。音量については録音レベルを低めに設定することで対応は可能だ。また、ある程度の距離を保つことでも音割れは防げる。

蒸気機関車には機回しや回送シーンにも魅力がある。例えば、釧網本線の〔SL冬の湿原号〕なら、復路の列車が釧路駅に到着後、回送されていくシーンを押さえたい。列車を降りたあと、ホーム先端まで行って列車を待ち受け、徐行運転で車庫に戻っていく様子を収める。長さもあって、魅力的な音源だ。

真岡鐵道の茂木駅や秩父鉄道の三峰口駅、山口線の津和野駅などでは機回しと給水作業の様子をたっぷり楽しめる。蒸気機関車は終点の駅に着いたあと、機関車を最前部に付け替える必要がある。そのための作業は見ているだけで楽しいが、これも録音対象になる。

〔ＳＬやまぐち号〕は勾配区間も多く、乗車時間も長いので、蒸気機関車らしい音が楽しめる。ぜひとも乗って録音を試みたいところだが、人気列車ということもあり、理想的な録音は難しい。その分、津和野駅での回送シーンと機回しは貴重な録音機会かもしれない。終点駅に到着後、折返しまでの間に機関車がどのような動きをするのか、事前にチェックしておくようにしよう。

なお、真岡鐵道の〔ＳＬもおか〕は、どうしても蒸気機関車に目が向いてしまうが、この列車で使用されるのは、今や唯一、原形を保つ50系客車である。復路の下館行きは比較的空いているので、車内音の録音も楽しみたいところである。

試運転を狙うのも手。ただし、情報は入りにくい。東北本線を走ったC61形。

機関車の付替シーンは魅力的な音源。ただ、撮影者が多いことも知っておきたい。汽笛による音割れにも注意。山口線津和野駅。

北海道の大自然のなかを走る小さな蒸気機関車。『丸《まる》瀬《せっ》布《ぷ》森林公園いこいの森』では、動態復元された“雨宮21号”が2両の客車を牽引し、約2キロを走る。軌間は762ミリ。

地の底から響いてくるような低音に始まり、甲高い高音域まで、誰をも興奮させる魅力的な吊掛サウンド。三岐鉄道北勢線。

吊掛駆動車の魅力

今やすっかり風前の灯となっている吊掛駆動方式。モーターから輪軸に直接動力を伝えるスタイルの電車で、駆動時の重低音はもちろん、高速度時の甲高い音が魅力的だ。残念ながら、次々に引退が進んでおり、乗車機会は相当限られている。なんとも寂しいかぎりだが、電気機関車や路面電車では健在で、その音に触れることはできる。

現在、鉄道線で言えば、江ノ島電鉄、三岐鉄道北勢線、四日市あすなろう鉄道などで見られるに過ぎない。最も充実した録音ができるのは、三岐鉄道北勢線である。軌間７６２ミリのナローゲージで、西桑名～阿下喜間の20・４キロをたっぷり1時間かけて走る。途中には急カーブがあったり、起伏に富んだ区間があったりして、全く退屈しない。特に楚原駅から先には大きなアップダウンがあるので、この付近が録音の狙い目になる。

また、同じ三重県では、四日市あすなろう鉄道でも吊掛サウンドが楽しめる。北勢線と同様、軌間762ミリのナローゲージだが、こちらは路線が短い。ごく普通の通勤・通学路線といった様相だが、列車本数は多く、元気な印象がある。

路面電車であれば、比較的、吊掛車に乗れる機会は多い。吊掛車の比率が高いのは熊本市交通局や長崎電気軌道、富山地方鉄道富山軌道線、伊予鉄道松山市内線、とさでん交通などである。

函館市企業局交通部の7000形は、710形の車体を更新し、2020（令和2）年3月16日に運行を開始した車両だが、これは最も新しい吊掛駆動車とされている。また、同じく函館の8100形は、日本で唯一、低床車でありながらも、吊掛駆動となっている。

また、とさでん交通や長崎電気軌道、阪堺電気軌道などは、専用軌道の直線区間が多く、路面電車というよりも、郊外電車のような雰囲気になる。想像以上の豪快な走りを見せてくれるので、その場で音色に酔いしれるのもよし、録音をして帰宅後に随時再現するもよ

重厚な駆動音と甲高い走行音。吊掛駆動の車両は多くの音鉄趣味者を魅了する。とさでん交通。

■表2-1　吊掛サウンドを楽しみたい路面電車の勾配区間7選

路線	区間	特記
函館市企業局交通部 2系統（宝来・谷地頭線）	宝来町〜谷地頭	間にある青柳町電停が頂部。上り坂と下り坂の双方が楽しめる。
豊橋鉄道 市内線（東田本線）	前畑〜東田坂上	石畳に敷かれた専用軌道をノッチ全開で進む。
富山地方鉄道 富山軌道線（呉羽線）	安野屋〜トヨタモビリティ富山Gスクエア五福前	神通川橋梁の両側に勾配区間がある。
嵐電（京福電気鉄道） 北野線	宇多野〜鳴滝	"嵐電桜のトンネル" と呼ばれる名所でもある。
阪堺電気軌道 上町線	帝塚山四丁目〜住吉	神ノ木電停を挟んで前後に勾配区間がある。南海高野線を越える。
長崎電気軌道 1・4・5系統（蛍茶屋支線）	諏訪神社〜蛍茶屋	緩くて長い勾配区間。このほか、思案橋〜崇福寺間にも勾配あり。
熊本市交通局 A・B系統（健軍線）	市立体育館前〜健軍交番前	緩やかながらもアップダウンが繰り返される区間。

し。貴重な吊掛サウンドを楽しみたい。

年々数が減っている吊掛サウンドなので、ぜひ録音し、記録したいものだが、車内音を記録する際は、ほかの乗客の迷惑にならないことを心がけたい。また、知っておきたいのは、車両による個体差が大きいことである。同じ形式でも駆動音や走行音、そして響き具合に違いがあったりする。また、車両のどこで録音するかによっても音の響きは変わる。いろいろと場所を変えて録音してみよう。なお、古い車両の場合、窓やドアの建てつけが悪く、ゴトゴトと雑音が絶え間なく響くことも、知っておきたい。

ＶＶＶＦインバータ制御車の世界

今やすっかり電車の主流となっているＶＶＶＦインバータ車。その走行音は軽やかで、どことなく気品を感じさせる音階だ。北海道から九州まで、全国各地で狙える音源でもある。本書ではメカニズムについては触れないが、ＶＶＶＦ車は架線から受け取るエネルギーを効率よく駆動用電動機に送り込むことができるという利点があり、急速に普及していった。

その歴史を遡ると、営業用車両として最初に導入されたのは１９８２（昭和57）年、熊本市交通局の８２００形だった。その後、全国に広まっていったが、当初は大容量の制御素子が開発途上だったこともあり、小型の路面電車での採用となった。なお、同形式は２両が新製されたが、現在も熊本の地で元気な姿を見せている。

１９８４（昭和59）年はＶＶＶＦ車が本格デビューを果たした年だった。１５００Ｖの車両への導入は東京急行電鉄６０００系の改造車に始まり、同年には新造された最初のＶＶＶＦ車である近畿日本鉄道１２５０系（現：１４２０系）や地下鉄車両として初の導入車となった大阪市交通局20系が営業運転に入った。この年は〝ＶＶＶＦ元年〟と呼ぶにふさわしい年で、滑るような走りと静かな走行音が話題となった。

その後、１９８０年代の後半には各社でＶＶＶＦ車の導入が始まった。そして１９９０年代で急速に普及していった。当初採用されていたのはＧＴＯ（ゲートターンオフ）サイリスタだったが、１９９０年代後半からはＩＧＢＴ（絶縁ゲートバイポーラトランジスタ）の時代に変わる。これによって軽量化と静音化が進み、ＶＶＶＦ車は第二世代に入ったといえる。

２００５（平成17）年以降は新形式車両の新造そのものが減ってしまった感があるものの、抵抗制御車のＶＶＶＦ車化改造などは進められており、今や新幹線車両から路面電車まで、

ＪＲの旅客用量産型車両としては初めてＶＶＶＦインバータ制御を採用したＪＲ北海道の785系。1990年にデビューした。

その勢力範囲を広げ続けている。

ＶＶＶＦ車は、製造時期によって微妙に音が違っている。出発時に一定の周期で特定の音階が繰り返されるが、こういった変調音は、長さや高低、そして音階そのものに様々なバリエーションがある。とりわけ、初期のＧＴＯ制御素子を使用した車両の場合、こういった状況が顕著である。重低音から甲高いものまで、個体差を比較して楽しむ愛好家も少なくない。

また、メーカーによっても音に違いがあるほか、機器更新も随時実施されている。そして、たとえ機器が同じであっても、プログラムの更新状況によって音が異なるというのも、ＶＶＶＦ車ならではの特色となっている。

ＶＶＶＦ車の録音場所を考える

ＶＶＶＦ車は数が多く、電車が走っているところであれば、どこでも録音可能と言える状態である。ただ、録音場所によって、音源には違いが出てくる。例えば、地下駅など、反響する環境であれば、車両から発する音源も広がりを持つ。また、利用客の多くない駅を選び、ホームの先端部などでマイクを構えると、ＶＶＶＦ音を堪能できるはずだ。

勾配区間を走る列車のＶＶＶＦ音も魅力的だ。勾配と連続曲線区間で知られる南海電気鉄道高野線の末端区間は、録音ポイントとして人気がある。橋本駅から先、カーブが連続する区間を上がっていく様子は、音からもその険しさが伝わってくる。特に、下古沢《しもこさわ》駅などは雑音が少なく、録音環境は良好。ただし、夕方以降は人の気配が全くなくなってしまう場所なので、孤独を感じながらの集音となる。

山越えに挑む貨物列車なども狙い目だ。〝ブルーサンダー〟ことＥＨ２００形や、〝金太郎〟ことＥＨ５００形など、新型電気機関車が牽引する貨物列車は、ホームでもその音が楽しめる。列車を待避しているところでは、ぜひその駆動音に耳を傾けたい。特に中央本線や上越線のＥＨ２００形などは録音に向いた存在だ。「キューーン」という起動音のみなら

起動時に独特な音階を奏でることから「ドレミファ・インバータ」と呼ばれて親しまれた京急1000形の初期車。2021（令和3）年に機器更新で消滅した。

ず、発車時には連結器衝撃音があり、連なるように響きわたる衝撃音と加速につれて変化するジョイント音が魅力的な音源となる。

路面電車でＶＶＶＦ音を録音する場合は、車内放送やメロディとの絡みが面白い。小型車両ならではの小刻みなジョイント音もあわせ、頻繁に入る自動アナウンスや運転士による肉声放送、そして広告放送など、走行音が静かな分、はっきりと聞こえる。

なお、これは番外編というべきものかもしれないが、日本では惜しくも引退してしまった、〝ドレミファ・インバータ〟などと呼ばれて親しまれたシーメンス製の音階加速電車は、ドイツやオーストリアに行けば電気機関車などにも採用されている。また、台湾の台北捷運（ＭＲＴ・

都市交通システム）では、起動時と減速時に音階がかなり激しく変調するＶＶＶＦ車があったりする。

旧式踏切の警報音を追う

踏切は高規格な路線や地下鉄、高架路線などでなければ、全国どこにでも見られ、誰もが何かしらの縁をもつ存在だ。その警報音にもバリエーションがあり、なかでも特に惹きつけられるのは、旧式踏切である。これは「打鐘式（電鐘式・電鈴式）踏切」と呼ばれ、いわゆる「チンチンチンチンチン」という鐘を打つスタイルの警報音である。「ゴング式踏切」とも言われる。

こういった踏切はすでに都市部ではほとんど姿を消しており、若い世代だと耳にしたことがないというケースが圧倒的に多い状況だが、その音色はどこか哀愁を帯びた響きで、心に染み入ってくるものがある。なんとなく切なさと寂しさを呼び起こす力が宿っている。

残念ながら、こうした旧式踏切の警報音はここ数年で大幅に数を減らしている。まさに絶滅寸前の様相で、ＪＲではすでに全廃しており、大手私鉄でも名古屋鉄道に残っていた

熊本電気鉄道は旧式踏切の宝庫。韓々坂《かんかんざか》駅はホームを挟んで旧式踏切がある。

ものの、2005年3月に揖斐線が廃止されたことで、すべて過去のものとなった。

しかし、地方私鉄に目を向けると、わずかながらもその音色を耳にすることは可能である。現在、日本で最も多く旧式踏切が残るのは熊本電気鉄道で、まさに打鐘式警報音の宝庫となっている。踏切好きでなくとも一度は足を運んでみたい路線だ。特に、須屋駅では複数の警報音が乱れ打ちになるという〝奇観〟状態。また、弘南鉄道弘南線にはやや頼りなく、力のない打鐘式踏切が現役だ。これは非常に貴重なもので、この音を聴くために弘前を訪れてもいいほどの響きである。

北陸地方にも旧式踏切は残っている。かつては多く残っていたが、コロナショックの間に更新が進み、様相は大きく変わった。えちぜん鉄道にはたくさんの旧式踏切があり、なかでも福井口駅は踏切のみならず、駅全体の雰囲気も魅力的だったが、残念ながら、高架化によって、駅そのものが跡形もなくなってしまった。現在は本荘駅と永平寺口駅の構内に残るだけだ。福井鉄道にも以前は見られたが、路線改良事業により旧式踏切は全滅している。北陸鉄道もここ数年で一気に更新されてしまい、現在は石川線に3カ所が残るばかりである（114ページ）。

首都圏では小湊鉄道に何カ所か残されている。特に五井駅南側の踏切はアクセスもしやすく、録音が楽しい。このほか、江ノ島電鉄の江ノ島駅付近でも旧式踏切の音色を聴くことができる。

中京圏では〝踏切録音の聖地〟とまで言われた名鉄谷汲線・揖斐線が廃止され、一気にトーンダウンしたが、三岐鉄道や名古屋臨海鉄道にわずかながら残っている。

そのほか、岳南電車も狙い目（**地図2-1**）。岳南富士岡駅のホームで岳南江尾《がくなんえのお》向きにマイクを構えると、遠くに打鐘式警報機の音が入るほか、終点である岳南江尾駅構内の手前では、全国でもここだけとなっている新幹線の通過音とのコラボが収録できる。

関西圏では、京福電気鉄道嵐山本線の西院《さい》駅で耳にできる。ただし、いずれも自動車やオートバイといった雑音に苛まれるため、早朝か深夜を選んでの収録となる。

地図2-1　岳南電車音鉄マップ

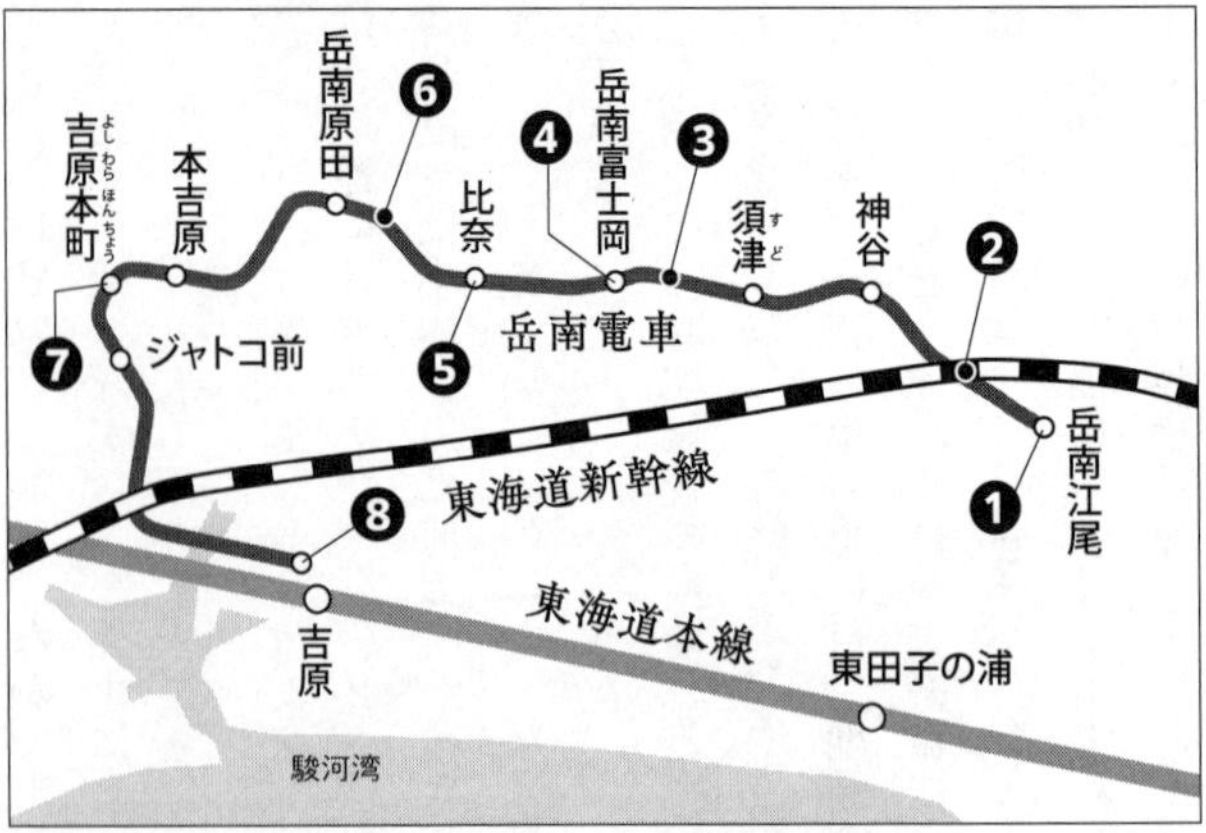

❶岳南江尾は雑音が少ない終着駅。駅手前に第4種踏切。
❷江尾公団踏切。新幹線のほぼ真下にある打鐘式踏切。
❸岳南富士岡～須津間に打鐘式踏切。ホームでも遠くに聞こえる。
❹岳南富士岡駅は雑音が少ない。車庫隣接。出入庫あり。
❺比奈駅の構内は広くて録音向き。構内踏切あり。
❻岳南原田～比奈間は工場群の間を走る。日本夜景遺産。
❼吉原本町駅すぐ横に、やや甲高い音の踏切。発車ベルと絡めて。
❽吉原駅は広い構内の片隅から出発。雑音は少ない。

なお、音量が大きいため、踏切の録音は距離が近すぎると音割れを起こしてしまう。また、踏切待ちをする自動車やバイクの雑音が入ってくるので、マイクの向きも重要になる。これに関しては一発勝負をかけず、ロケハンをしっかりしておきたい。旧式踏切はどことなく寂しげな音色なので、大音量よりも、むしろ小さく聞こえるほうが印象に刻まれる。そのため、少し離れた場所でマイクを構えるのがおすすめだ。

また、駅に近い場所にある踏切であれば、駅の放送が遠くに聞こえたりすると、臨場感が増す。車掌の笛の音やドアの開閉音、そろりそろりと迫りくる列車の走行音などを一連の流れとして収めてみよう。雑音対策には指向性の高いマイクやガンマイクなどを用いてみるのも有効だ。

音鉄の魅力が詰まった路面電車

路面電車も音鉄趣味に欠かせない存在である。希少な吊掛駆動車の存在や多彩な車内チャイム、各種放送や広告案内など、録音対象には事欠かない。しかも、駅間が短いため、加減速が繰り返され、退屈しない音源となる。また、信号待ちなどで停車した瞬間は、車内が静寂に包まれ、歩行者用の信号機の音が聞こえてきたりする。

路面電車の特色として、乗客と運転士の距離が近いというものがある。降車客の一人ひとりに「ありがとうございました」と声をかける運転士は少なくないし、利用客の側もお礼を言って電車を降りることが多い。小学生など、子どもが降りていくシーンなどはなんとも微笑ましいものがある。

運転士による肉声放送は停車や到着の案内から両替案内、乗降時の注意喚起など、その内容は多岐にわたる。伊予鉄道松山市内線などは、運転士によるアナウンスを積極的に推進しており、〝地元に根ざした電車〟という雰囲気を醸し出している。

また、日本最大の路面電車網を誇る広島電鉄は車内メロディが多彩で、耳に心地よい。始発電停の発車時や終点電停到着時、乗換案内時、啓発放送時などにそれぞれ異なるメロディがある。なお、原爆ドーム前電停到着時には鐘の音が鳴る。一瞬ではあるが、聴き逃したくない音である。

市内電車と呼ばれることが多いだけに、市街地を併用軌道で走るが、路線によっては郊外に専用軌道区間があり、それなりのスピードで駆け抜けることもある。高知県を走るとさでん交通や福岡県の筑豊電気鉄道、福井県の福井鉄道福武線などは専用軌道区間が多く、まさに郊外電車のような雰囲気だ。長い鉄橋を渡ったり、警笛を鳴らしたりするので、変化のある音を楽しめる。

さらに注目したいのは自動放送に組み込まれたＣＭだ。路面電車は例外なく、地域に密着した存在なので、広告事業者の案内もローカル色が色濃く感じられる。なかにはお国訛

乗客の少ない夜間の録音がおすすめだが、地方路線の終電は早い。長崎電気軌道。

豊橋鉄道東田本線の豊橋駅前電停。列車の運転本数が多いことも路面電車の魅力である。

岡山電気軌道は路線長こそ短いものの、車両のバリエーションが豊富。吊掛車も健在。

りを用いた放送などもあるので、耳を傾けたいところである。時には地元の人しか分からない内容のものがあったりするが、これもまた、その路線、その土地のオリジナリティといっていいだろう。

意外な魅力がある地下鉄

鉄道趣味という切り口で見ると、やや面白みに欠けてしまう地下鉄だが、音の世界を楽しむうえでは想像以上の魅力がある。まず、何と言っても、地下にあるため駅には適度な反響があり、列車到着の前から列車の接近が耳で感じられる。

走行音にしても、地下を走るため、どの路線も走行音は大きく、豪快な印象だ。また、車内は常時混雑しているが、方向や時間帯を選べば、車内音の録音ができる程度の乗車率になることは少なくない。

構内放送や駅メロディもはっきりと聞き取りやすいものが選ばれている。楽曲についてはその都市を連想させる個性的なものが多く、興味深いものが次々に登場している。しかも、運行本数が多いので、録音効率がいい。短い訪問時間でもたっぷり録音を楽しめるだろう。

大阪メトロでは駅構内の録音も楽しい。列車は駅進入・発車時に独特な電子警笛を鳴らす。ドーム状の構内は反響が大きい。

　東京メトロでは発車メロディの導入に熱心だ。１９９１（平成３）年に開業した南北線でメロディを導入したことを皮切りに、２００８（平成20）年の副都心線開業でもメロディが採用され、続いて丸ノ内線や有楽町線でもオリジナルのメロディが導入された。現在は全路線で耳にできる。さらに、メロディの導入にあわせるかたちで、地域にちなんだ楽曲や街をイメージしたものも採用されるようになっている。『銀座カンカン娘』（銀座線銀座駅）や『お江戸日本橋』（日本橋駅・三越前駅）、『お祭りマンボ』（神田駅）などのように、街に根差した楽曲をはじめ、『銀座の恋の物語』（日比谷線銀座駅）や『大きなたまねぎの下で〜はるかなる想い』（東西線九段下駅）、『恋するフォーチュンクッキー』（秋葉原駅）など、ヒットソングをモチーフにしたものもある。

また、大阪メトロの車内放送には広告が入るが、御堂筋線の場合、特にその数が多く、しかも駅間が短いため、移動中はほぼ絶え間なく放送が入る印象だ。こういったところにも耳を傾けてみよう。

第3章

訪れてみたい全国の音鉄スポット

この章では、日本全国、無数に存在する〃音鉄スポット〃から、いくつかの場所を紹介してみたい。音鉄趣味の幅は広く、様々な要素が絡み合っている。ぜひその場所に身を置き、耳を澄ませて鉄道音のサウンドスケープを楽しんでみよう。同じ場所でも、立ち位置やマイクの構え方によって音の状況は微妙に変わってくるし、個々の音の絡め方でも印象は異なったものに変化する。そういった差異もじっくり楽しんでみたいところである。

東海道・山陽新幹線

東京駅の〃すごさ〃を音で感じる

東海道新幹線の起点・東京駅は、音鉄の聖地である。多くの列車がここから旅立ち、終日賑わいを見せる。東京駅の一日あたりの発着本数は、在来線を含めて約3000本となっており、これは日本一。ホームでは出発に関する放送が絶え間なく入り、停車駅の案内や乗車開始アナウンス、そして、到着客に対する放送なども加わってくる。さらに発車ベルやチャイム、ホームドアの開閉音などもあり、途切れることなく、常に何かしらの音が構内に響いている。

東京駅の場合、地上駅らしい広がりを耳にできる。隣接する在来線の発着音もビルの谷間に響きわたるほか、ホームの品川寄りにいれば、16両編成の列車がポイントを通過していく豪快な音が楽しめる。

世界に誇る新幹線。「ただいま、進行方向右側に富士山が見えております。短い時間ではございますが……」と放送が入ることがある。

本数を考えれば、全列車が停車する品川や新横浜でも条件は同じで、しかも、島式ホーム二本だけで、東京行きの列車も捌く。発着頻度を考えれば、番線数が多くて列車が分散する東京駅よりも、こちらのほうが高密度になる。自動アナウンスや肉声による「出発よし！」の喚呼など、音源も豊富だ。

なお、繁忙期に関していえば、新横浜、品川から東京に向かう列車は初電から11時までの間に50本を優に超え、両駅に発着する本数は上下合わせ、5時間の間に120本以上におよぶ。つまり、約2分おきに、16両編成の高速鉄道が発着しているという計算になる。

東海道新幹線ならではの音

東海道新幹線ならではの音として、ホームで行われる安全確認に注目したい。「出発よし！」と「安全よし！」の喚呼がまさにそれで、必ずマイクを用い、出発40秒前に「出発よし！」と駅員が喚呼、その10秒後に発車ベルが鳴り、出発15秒前に「安全よし！」。乗降終了合図ブザーとほぼ同時に、『乙女の祈り』が流れてホームドアが閉まり、定時出発という流れになっている。録音をしながらでも、この秒数を計ってみると、驚くほど正確で驚かされるはずだ。新幹線の定時運行と安全管理の徹底ぶりが理解できる。

新幹線の通過音を楽しむ

世界に誇る高速鉄道というだけあって、新幹線の速さを体感したいと思う人は多い。特に外国人旅行者は、乗り心地のよさや時刻の正確さのみならず、そのスピード感に憧れを抱いていることが多い。なかには〔こだま〕や〔ひかり〕の最前部や最後部に席を取り、〔のぞみ〕が通過していく様子を待避駅のホームで楽しむファンもいる。

ホームで〔のぞみ〕の通過シーンを楽しむなら、東海道新幹線であれば、緩やかなカーブのある小田原駅や、通過線のない熱海駅、富士山を眺めながら通過シーンが楽しめる新富士駅、地平で在来線と並んでいる豊橋駅などがおすすめだ。

しかし、スピード感という点では、山陽新幹線に軍配があがる（**図3-1**）。相生や新岩国のように、高速で通過するシーンだけでなく、周囲の雑音が少ない駅も多い。特に新尾道駅はトンネルに挟まれているので、列車が見えたと思ったらすぐにやってきて、瞬く間に通り過ぎていく。特に8両編成の〔みずほ〕や〔さくら〕は、それこそ〃あっという間〃に走り去る。こういった短編成の列車と16両編成の〔のぞみ〕の両者の通過音が楽しめるのは、山陽新幹線ならではのものである。

また、音鉄的には姫路駅も捨てがたい魅力がある。姫路を通過する下り列車の場合、最高速度を制限されていた区間を出て、速度を上げながら迫ってくる。つまり、ただの通過音ではなく、モーターの唸りが他の駅よりも大きい。きわめて微妙な違いだが、こんな小さなところにこだわると、趣味の充実ぶりに違いが出てくる。

■ 図3-1　山陽新幹線 音鉄マップ

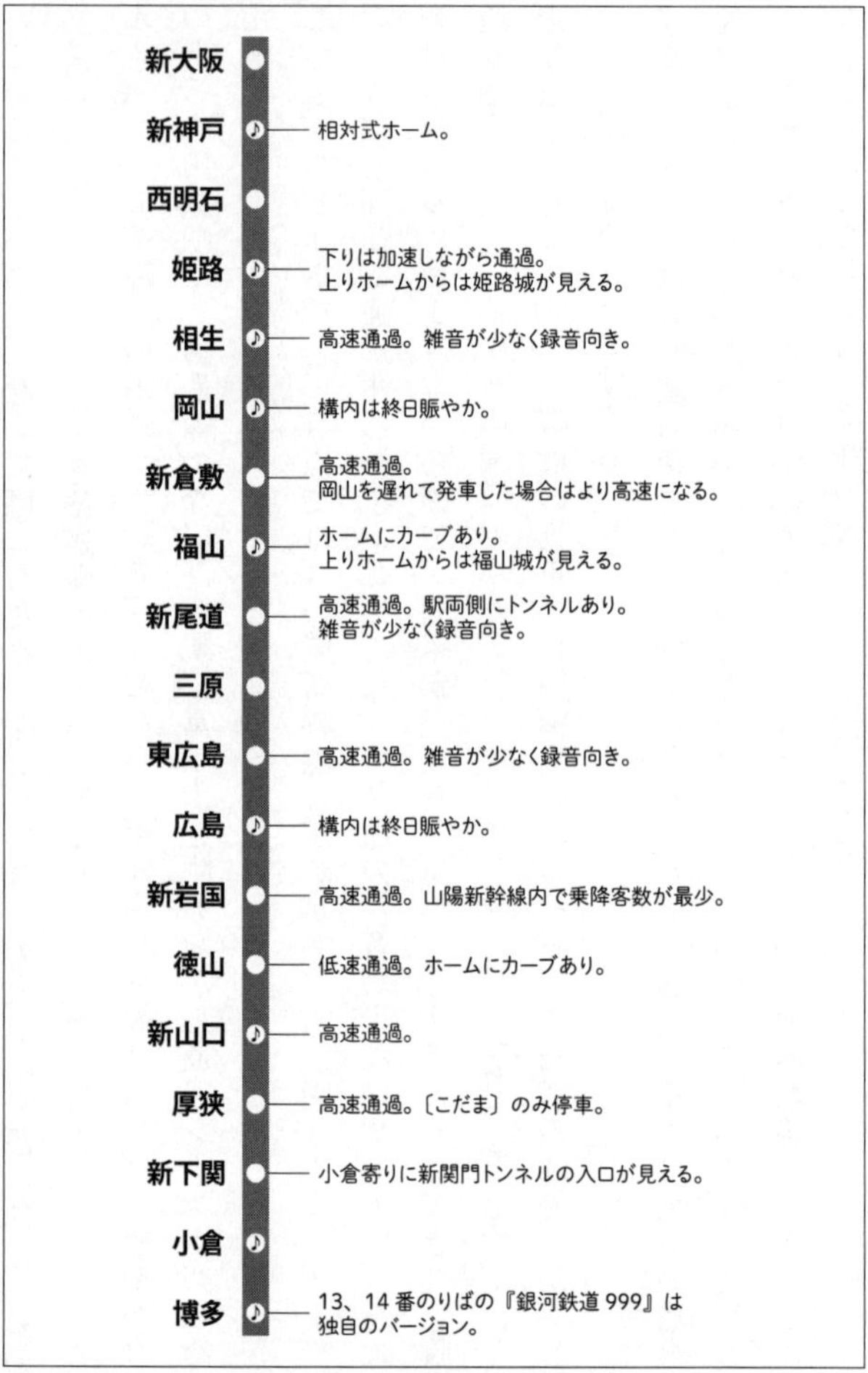
新大阪
新神戸
相対式ホーム。
西明石
姫路
下りは加速しながら通過。
上りホームからは姫路城が見える。
相生
高速通過。雑音が少なく録音向き。
岡山
構内は終日賑やか。
新倉敷
高速通過。
岡山を遅れて発車した場合はより高速になる。
福山
ホームにカーブあり。
上りホームからは福山城が見える。
新尾道
高速通過。駅両側にトンネルあり。
雑音が少なく録音向き。
三原
東広島
高速通過。雑音が少なく録音向き。
広島
構内は終日賑やか。
新岩国
高速通過。山陽新幹線内で乗降客数が最少。
徳山
低速通過。ホームにカーブあり。
新山口
高速通過。
厚狭
高速通過。〔こだま〕のみ停車。
新下関
小倉寄りに新関門トンネルの入口が見える。
小倉
博多
13、14 番のりばの『銀河鉄道 999』は
独自のバージョン。

♪：発車メロディ『銀河鉄道999』使用駅（下りがAメロ、上りがサビ）
○：発車ベル使用駅

新幹線の速さをダイレクトに感じられる場所としては、ホームで通過列車を見送るケースが一般的だ。しかし、ホームよりも近く、新幹線を体感できる場所もある。一つ例を挙げるなら、神奈川県平塚市にある相模川橋梁だろう。ここは東海道新幹線を真下で受け止められる。新幹線の高架下に歩道があり、時速２８５キロで通過する列車がすぐ頭上を駆け抜ける。歩道は１５０センチほどの高さしかなく、かがまないと進めないので、歩く人は少ない。当然ながら安全対策は施されているので、しゃがんでいても問題はないが、列車は突然やってくるので、やはり驚かずにはいられない。通過本数も多く、東海道新幹線の列車頻度にも圧倒されるはずだ。自然豊かな場所で、小鳥のさえずりが常に響いている。そういったのどかな空気を突き刺すように新幹線が駆け抜けるシーンをサウンドスケープとしてとらえ、記録してみたいところである。

世界に名だたる新幹線だが、少し見方を変えてみると、移動手段としての存在以外の部分で意外な面白さが隠れている。耳を澄ませ、途中下車を繰り返しながら、その旅路を楽しんでみたい。

東北・北海道新幹線

北日本を縦断する大動脈

日本列島を北に貫く一大幹線といえば、東北新幹線である。東京から新青森までは674・9キロ（実キロ）。それを最速3時間あまりで結んでいる。

東京駅を出た列車は上野駅を目指して一気に下り坂を進む。高架ホームの東京駅から上野駅の地下ホームまで、ほぼ全区間が下降区間となっている。車内はまだ慌ただしい空気が漂っているが、列車は間もなく上野駅に滑り込む。上野は意外にも新幹線唯一の地下駅である。ここではホームでブレーキの音を楽しみたい。このブレーキは地震が発生した際、ただちに列車を止めるためのもので、車内ではあまり分からないが、E7系とW7系は音が大きく、なかでも先頭車両の音が大きい。地下ホームということで、反響効果もあり、甲高いブレーキ音が地下駅内に響きわたる。東海道・山陽新幹線では耳にすることができない音の風景である。

東北新幹線や北陸新幹線を走るE5系以降の車両は、停車時にブレーキから甲高い音が出る。

上野駅の下りホームは乗客が多く、常に賑わっている印象だ。録音する際の狙い目は、人の少ない上りホーム。筆者の場合、東京方ではなく、大宮方のホーム先端部が好みだ。ここなら、下り列車の出発シーンを絡めて録音できる。もちろん、東京寄り先端部であれば、下り列車の到着時に奏でられるブレーキ音も録音できるが、これは各人の好みとなる。

時速320キロの高速通過音

続く大宮は、東北新幹線と上越・北陸新幹線という二大動脈が分岐する一大拠点駅。構内が窓と屋根に覆われており、新幹線だけでも三本の島式ホームがあるため、反響効果が大きい。全列車が停車し、終日頻繁に列車が発着する。最も賑やかなのは下り用の17・18番線ホームで、肉声による案内放送が繰り返され、駅らしいサウンドスケープとなっている。

現在、東北新幹線では宇都宮〜盛岡間で時速320キロの高速走行を実施している。空気を切り裂くような走りを見せるが、そういった音は通過駅で楽しみたい。

冬季限定になるが、那須塩原以北の一部の駅では独特な放送が流れる。「雪が舞い上がりますので、下がってお待ちください」というフレーズだ。雪の日にホームに立っていると、通過列車が雪を巻き上げて、こちらに吹きかけるように去っていく。そのため、自動アナウンスにこのような案内が入る。通過線を走る列車はかなりの速度で駆け抜けるので、音を録る楽しみは十分にあるが、雪が舞い上がるだけでなく、風も強い。風防（ウィンドジャマー）は必携だ。東北新幹線でのみ、耳にできる放送だ。

同じく、雪の日であれば、くりこま高原駅も興味深い。駅は直線区間にあるが、降雪時には通過列車が雪を舞い上げていく。しかもここの場合は通過線がないため、ホームでダイレクトに速さに触れられる。なお、通過時、E5系とE6系が連結されている部分は、一瞬だけ音が止まるような感じがする。それも面白い。

さらにいえば、新花巻駅や水沢江刺駅は構内がスノーシェルターで覆われており、反響というものも加わってくる。最高時速320キロで通過するので、通過音も一瞬だが、表現手段としての「音」の本領発揮といえる状況である。

山形新幹線との分岐駅、福島

福島は山形新幹線の分岐駅。〔つばさ〕は単独でも運用があるが、〔やまびこ〕と併結されていることが多い。下り列車は到着後、分割作業を行う。盛岡駅と同様、この作業は人気があり、いつも人だかりがしている。その間に〔はやぶさ〕が通過。そして、発車メロディ『栄冠は君に輝く』が流れ、〔つばさ〕が発車。続けて〔やまびこ〕が発車する。つまり、古関裕而のメロディは2回流れる。

上り列車も興味深い動きを見せる。仙台方面からやってくる〔やまびこ〕は、渡り線を通って下り本線を跨ぎ、〔つばさ〕に先立って14番線に入線する。続けて山形方面からやってきた上り〔つばさ〕が同じく14番線に入る。そして併結後に出発するが、このときも渡り線を通過して構内を跨ぎ、東京方面へと向かう。

さらに、停車中に下り〔やまびこ〕も13番線に入ってくることが多く、山形新幹線から仙台方面に乗り換えることが考慮されている。同じホームに上りと下りがいるため、誤乗を避けるべく、アナウンスが繰り返される。メロディも響き、とても賑やかだ。

杜の都・仙台で音を楽しむ

仙台駅の新幹線ホームの発車メロディは、往年のヒット曲『青葉城恋唄』をアレンジしたもの。仙台出身の作曲家・榊原光裕氏が編曲を担当し、その壮大さを感じさせる旋律は、日本を代表する駅メロディと言ってもいい。ホームは早朝から賑やかで、ホームでは利用客が常に行き来している。終日、肉声による案内放送も入り、華やかな駅のサウンドスケープが形成されている。

ただし、雑踏は録音が難しい場所ともいえる。利用客の迷惑にならないよう、人の少ないホームの先端部分に陣取るのがおすすめだ。特に盛岡方は録音環境が良好。仙台駅の場合、スピーカーが等間隔に配置されており、どこにいても同じ音量で集音できる。ただ、乗務員や車内販売スタッフが出入りする側なので、気を払いたいところである。

また、新幹線ホームには待合室が設けられており、ほかに人がいなければここも狙い目。室内にはスピーカーが設置されているので、空いているタイミングを選べば、個室状態で発車メロディを聴くことができる。

盛岡から新函館北斗まで

秋田新幹線が分岐する盛岡駅では福島駅と同様、分割・併合作業を録音対象としたい。列車到着前からマイクを構え、入線シーン、自動放送＋肉声案内、そして、二度にわたる出発シーンという一連の流れをサウンドスケープとしてとらえてみよう。旅情的には下り列車のほうが気分は高まるものの、併合（連結）する上り列車は見物客も少なく、「早く東京に向かいたい！」という空気がどことなく漂っている。

盛岡駅の発車メロディには小田和正の『ダイジョウブ』をアレンジしたものが流れる。２０１９（令和元）年11月から使用され、当初は2年間の限定使用の予定だったが、好評ということで継続使用が決定。下りホームはヴァイオリンとピアノ、上りホームはアコースティックギターで演奏したものとなっている。どちらも耳に優しい旋律だ。

盛岡から先は整備新幹線として敷設された区間である。走りは快適そのものだが、最高速度は時速２６０キロに制限されている。そのため、通過線のない相対式ホームであっても、時速３００キロ超えの高速通過は体験できない。

八戸駅は発車メロディにご当地民謡『八戸小唄』が流れる。民謡を用いたご当地メロディは各地で見られるが、下りホームはシンセザイザーを用いて編曲されたもの。冒頭にウミネコの鳴き声が入るのも特色で、これは八戸線の沿線にウミネコの繁殖地・蕪島《かぶしま》があることにちなむ。そして、上りホームは尺八と三味線の音色で構成されている。響き具合も良好で、耳に心地いいメロディとなっている。

新青森は北海道新幹線の接続駅。２０１６（平成28）年３月26日、北海道新幹線部分開業と同時に郷土民謡『ねぶた囃子』が発車メロディに採用された。駅にはねぶたが展示されており、記念撮影を楽しむ人が絶えない。また、青森らしく、駅構内にはリンゴジュースだけを扱う自動販売機がある。

奥津軽いまべつ駅は、全国の新幹線駅のなかで最も利用客数が少ない。この先で青函トンネルに入るが、最高速度はさらに低く設定され、通過中の音は単調だ。しかし、トンネルについての案内放送が必ず入るので、ぜひ耳を傾けたいところである。道南いさりび鉄道の接続駅である木古内駅や、現在の終点となっている新函館北斗駅も、雑音が少なく、録音環境は良好である。

■ 図3-2　東北・北海道・山形・秋田新幹線 音鉄マップ

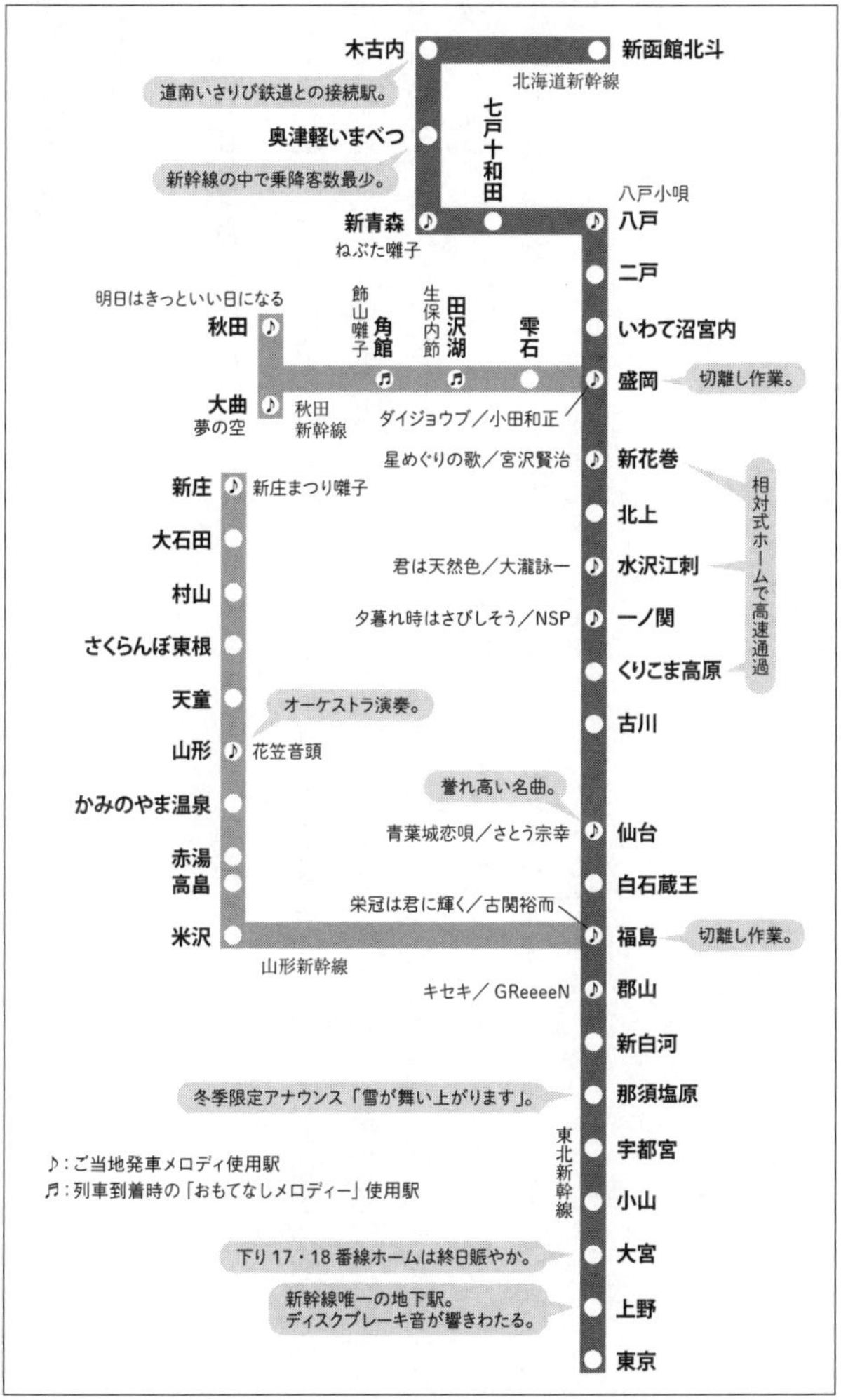

北海道

まずは札幌駅から始めよう

〃北の大地〃こと北海道。雄大な景色は誰をも魅了してやまないが、鉄道については夜行列車や長距離列車の廃止など、ここ数年の合理化で、大きく様変わりしている。趣味的な魅力も小さくなったと言われがちだが、「音」については、まだまだ知られざる魅力が詰まった土地といえる。いろいろな土地を訪ね、北海道ならではの「音」を探してみたい。

札幌駅は北海道の中枢となる拠点で、道内最多の利用客数を誇る。現在、北海道の玄関となっているのは新千歳空港だが、鉄道の中心はやはり札幌駅である。音鉄の旅についても、札幌駅から始めたい。

札幌駅は高架化されており、ホームは2階にある。構内は全体がすっぽりと屋根と壁に覆われており、構内のあらゆる音が反響し、賑やかだ。気動車の発着も多いため、重々しいディーゼル音が駅全体に響きわたる。屋根には換気口が設けられている。

札幌駅のホームには「輸送係」と呼ばれる駅員がおり、列車の出発指示を出している。アナウンスも自動放送と肉声放送の両者が混じり、出発時には乗降終了合図としてベルも鳴る。まさにあらゆる音源が詰まった空間である。臨場感あふれる音を楽しんでみよう。

構内放送は音量が大きめに設定されている。それでも聞こえにくいほどの賑やかさなので、録音は苗穂方のホーム先端部で、駅全体の音をとらえるのがおすすめ。ただし、脇を気動車が走り抜けると、それだけで音割れしてしまうことがあるので注意は必要だ。

なお、この駅の放送は、発車時のみならず、入線時にもしっかりと列車名が入る。そのため、出発シーンだけではなく、列車の到着前から耳を傾けたいところである。また、JR北海道では、特急のことを「特別急行」と表現することが多い。これは自動放送でも聞くことができる。

北海道らしさが感じられる車内放送

北海道の列車は車内の自動アナウンスにも個性が感じられる。まず、北海道ならではの放送としては、特急や快速［エアポート］が始発駅を出発したあと、最初に入る「イランカラプテ」という言葉。これはアイヌ語で「こんにちは」の意味だ。また、白老駅到着前にもアイヌ語で放送が入り、こちらはアイヌ語放送のあとに日本語の補足・説明が入る。

また、エゾシカ急ブレーキの注意放送も北海道特有で、書き記してみると、「この先、エゾシカなどの野生動物が多数出没する区間を走行いたします。走行中、やむを得ず急ブレーキを使用することがありますので、お立ちの際は手すりなどにおつかまりください」というもの。自然豊かな大地を貫くＪＲ北海道らしい内容である。

ＪＲ北海道の特急列車の車内自動放送は、フリーアナウンサーの大橋俊夫氏が担当している。大橋氏の名が知られているのは、列車終点の到着前に「今日もＪＲ北海道をご利用くださいまして、ありがとうございました。自動放送のご案内は、大橋俊夫でした」と挨拶が入るためである。声の主が名乗る車内自動放送はめずらしく、これもＪＲ北海道ならではの音の素材といえそうだ。

拠点駅は録音向きの環境

北海道の場合は拠点駅でも、構内に外からの雑音が入らない環境であることが多い。例えば、岩見沢駅や滝川駅、深川駅は、特急を含めた全列車が停車するターミナルだが、構内が広いため、雑音がほとんど入らない。ホームも長く、先端部にいれば、列車の入線時から駅を離れていく様子までをたっぷり録音できる。また、ＪＲ北海道の駅で流れる自動放送は声の通りがいいので、これも音源に盛り込みたい。

そして、雪国だけあって、北海道の拠点駅は札幌と同様、屋根に覆われていたり、風よけの壁に挟まれたりしている。旭川や帯広がそういった例で、駅がすっぽりと覆われたスタイルだ。しかも、構内はスラブ軌道だったりするので、轟音となる。力強い気動車の音が豪快に反響すると、案内放送が聞こえなくなることも少なくない。

また、ＪＲ北海道の列車は始発駅や拠点駅を出発する際、ホイッスルを鳴らすことが多いので、音割れに注意する必要がある。

釧路駅と〔ＳＬ冬の湿原号〕

釧路駅は道東地区の要。列車の本数は多くないが、乗換えが考慮されており、特急〔おおぞら〕の到着にあわせ、根室本線の根室方面の列車、釧網本線の列車が近い時間内で発着する。そのため、効率よく複数の列車の発着シーンを収録できる。構内が広いのも特徴で、駅ビルによって構内と街が仕切られているため、雑音が入りにくい。駅舎内にしても、コンコースに適度な広さがあり、雑踏が味わい深さを添えてくれる。

なお、北海道は列車別改札をしているため、常時ホームにいることはできない。そのため「改札開始放送」というものが存在し、これとホームから聞こえてくる気動車のエンジン音を盛り込みながら、駅の録音を楽しむことができる。〔SL冬の湿原号〕の運転シーズンであれば、日本語に続いて英語や中国語、韓国語でも放送が入る。

〔SL冬の湿原号〕の音を追う

釧網本線を走る〔SL冬の湿原号〕は、ファンのみならず、多くの人を惹きつけている。コロナ禍以前から訪日外国人旅行者が多い北海道だが、そのなかで最も人気のある列車と言ってもいい。筆者が暮らす台湾でも冬場になると、この列車を行程に組み込んだツアーが数多く企画されている。

多くの人に見送られながら、汽笛一声、列車は釧路駅をあとにする。撮影地として名高い釧路川橋梁を渡り、カメラマンたちの熱いシャッターを受けながら、東釧路に向かう。ここは花咲線との分岐駅だが、その分かれ目となる辺りは力強いドラフト音が楽しめる。

筆者が録音のベストロケーションと考えるのは、釧路湿原駅を出た直後である。駅を出たあと、右に大きくカーブする辺りのドラフト音は迫力に満ちている。線路端はもちろん、車内でも力強い音が耳に入ってくる。録音の場合は遠くに踏切があるので、これを絡めると、臨場感が高まる。ただ、ドラフト音はもちろんのこと、煙も出るスポットなので、撮影者が多いのも事実。場所選びも重要な要素となってくる。

塘路《とうろ》は列車交換可能駅で、釧路湿原の東の端に位置している。踏切や放送を盛り込みながらの録音が楽しめるが、当然、停車中のホームは人で溢れているので、少し駅から離れてマイクを構えたい。もともと蒸気機関車の汽笛は音量が大きいので、近すぎると、必ずといっていいほど音割れしてしまう。「離れて録る」というのはここでも鉄則である。

なお、この辺りはエゾシカがよく出るエリアでもある。線路を横切ったり、時には線路の上を走って逃げたりする厄介な存在だが、運転士は鹿の姿を見かけると必ず汽笛を鳴らす。これはかなり遠くにいても鳴らすので、駅で録音する場合は列車の到着前から録音ボタンはＯＮにしておきたい。また、冬場はジョイント音が遠くから響いてくるので、通過

C11形が牽引する〔SL冬の湿原号〕。冬の北海道らしさと蒸気機関車の双方を楽しめる列車として人気がある。観光案内もなされる。

音の録音も楽しい。

注意が必要なのは茅沼駅だ。ここは丹頂鶴がやってくる駅として知られているが、彼らを驚かさないよう、出発時に汽笛を鳴らさないことになっている。

終点となる標茶《しべちゃ》駅で列車の旅は終わるが、ここからも魅惑の音鉄タイムである。機関車の入換作業があるためだ。比較的静かな環境で、作業が進んでいく。到着から移動、入換、そして、給水と点検。折返しの発車まで、慌ただしく時間が過ぎていく。これらを追いかける音鉄趣味もまた、意外なまでに多忙である。

標茶発釧路行きの列車は、上り勾配こそないものの、駅の出発時には等しく蒸気機関車らしいドラフト音を耳にできる。また、利用客が標茶行きの列車より少ないことが多いので、理想に近い環境で集音が可能だ。さらに、両列車ともに、車窓にエゾシカやキツネ、ワシなどが見えると、スタッフが随時、放送で教えてくれる。

■ 地図3-1　釧路広域音鉄マップ

❶列車到着後の入換・機回しの様子を録音。
❷丹頂鶴を驚かせないよう、汽笛は鳴らさない
❸列車交換駅。踏切音も混じる。ただし、停車中は常に人がいる状態。
❹塘路寄りのカーブに勾配区間あり。
❺花咲線との分岐地点付近はドラフト音の録音向き。
❻釧路川橋梁は撮影の定番だが、音も狙い目。汽笛の響き具合も良好。
❼特急〔おおぞら〕到着にあわせて各列車が出ていく。
❽新釧路川橋梁。橋げたの響きが良好。
❾特急〔おおぞら〕の高速通過。長い貨物列車も。

なお、釧網本線は山越えの路線でもある。緑～川湯温泉間は厳しい峠となっており、気動車もエンジンをフル稼働して勾配区間を進んでいく。しかも、この区間は上り坂と下り坂の双方を楽しめる。キハ54形の本気ぶりを耳で楽しみたい。

東北

青森と弘前で音を楽しむ

青森や弘前における鉄道音を探ってみよう。まずは玄関口とも言うべき東北新幹線の新青森駅。ここでは発車メロディに『ねぶた囃子』が流れる。やや音が小さく、車両の音で聞こえにくい場合もあるが、ぜひとも耳を傾けたいメロディだ。

ご当地発車メロディの名作として知られるのは弘前駅の『津軽じょんから節』。生演奏の津軽三味線がメロディで流れるケースは全国でも唯一。リズムもよく、小気味いい旋律だ。なお、メロディはワンマン列車の場合は鳴らされない。

弘前近郊を走る弘南鉄道弘南線のホームには発車メロディはなく、通常の電子ベルが鳴る。弘南鉄道は発車時に軽くタイフォンを鳴らすことが多い。また、エアコンがないため、夏場は窓を開けながら、音を楽しむことができる。余談ながら、ホームの駅名標は、なぜか隣駅の表示が終点の黒石となっている。

弘南鉄道の自動アナウンスは始発駅を出発する際、「お待ちどうさまでした！」で始まり、「～行きの発車です」と続く。そして、終点到着前の放送は「お疲れさまでした！」で始まる丁寧さ。好感度の高い鉄道である。

弘南線、大鰐線ともに、短尺レール区間がある。それを楽しむなら連結部に近い場所に乗りたい。短尺レール区間は地方私鉄に残るばかりとなっているので、貴重な音源である。

車庫のある平賀駅には、オリジナルの駅メロディが流れる。これは平川市の市民歌で、『あなたへの招待状～平川より』という楽曲。オルゴールが優しい旋律を奏でている。列車到着前から流れる。

また、津軽尾上《つがるおのえ》駅に近い猿賀《さるか》踏切は、電鈴式の旧式踏切が健在。音はやや弱々しい印象だが、背後に機械音がガチャガチャと聞こえるところなどは、歴史を感じさせるものがある。音は見事なまでに不揃いで、不規則な感じだが、それがまた味わい深く、この音を聴くために弘前を訪れても後悔はないと思うほどである。

五能線と津軽鉄道

五能線は絶景で知られる長大路線。キハ40系普通列車の引退は残念だが、快速〔リゾートしらかみ〕が走っており、快適な旅が楽しめる。臨時列車ではありながらも、運転日が多いため、利便性は高い。車窓案内の放送も随所に入り、多客期には車内でイベントが開かれたりする。鉄道旅行の魅力を堪能できる列車である。

このほか、五所川原駅から分岐する津軽鉄道は、ストーブ列車や腕木式信号機、棒状スタフ、タブレット閉塞などで知られるが、ここには打鐘式の旧式踏切が二カ所残る。

一つは五農校前〜津軽飯詰間にある飯詰県道踏切で、両駅の中間辺りにある。味わい深い駅舎が残る津軽飯詰から行くよりも、五農校前からのほうが行きやすい。もう一つは宮野沢道踏切で、終点の津軽中里駅構内のはずれにある。ここは通行量も少なく、録音はしやすい。また、津軽中里駅を出る列車は発車時に警笛を鳴らすので、これも含めて楽しんでみたい。

また、五所川原駅の北側には、五能線と津軽鉄道の両線にかかる第4種踏切がある。ここは五所川原駅の全景を眺められる場所で、撮影も楽しい場所。列車の多くは警笛を鳴ら

■ 地図3-2　青森広域音鉄マップ

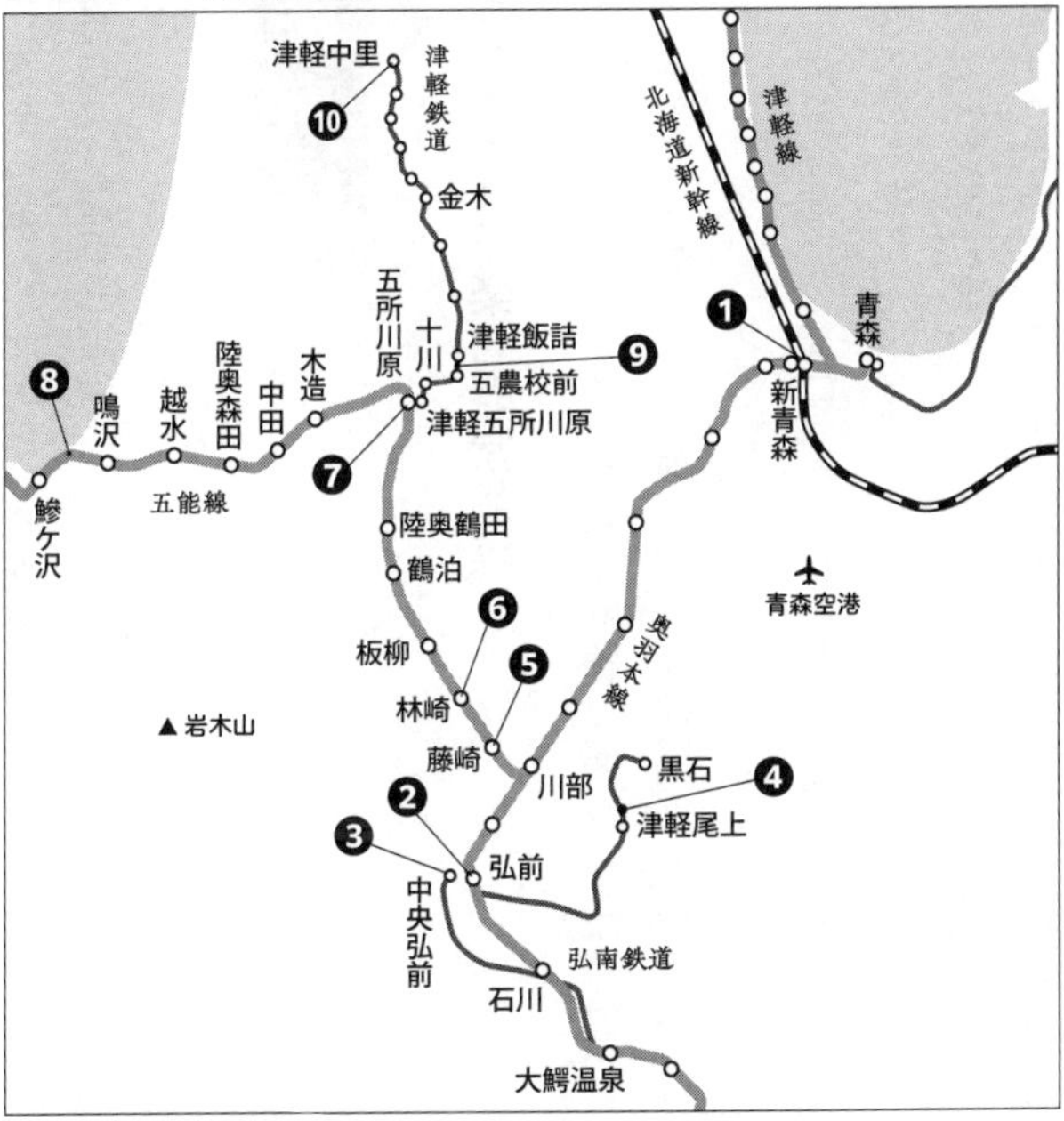

❶発車メロディは『ねぶた囃子』をアレンジしたもの。
❷発車メロディは民謡『津軽じょんがら節』。
❸出発後に「お待ちどおさまでした！」のアナウンス。弘南線弘前駅でも。
❹津軽尾上駅の北東に電鈴式の猿賀踏切。
❺入線メロディは童謡『りんごのひとりごと』。
❻リンゴ畑の中にある無人駅。雑音少ない。
❼津軽鉄道分岐点に第4種踏切あり。
❽〔リゾートしらかみ〕の観光案内放送。車内イベントも。
❾五農校前と津軽飯詰の間に打鐘式踏切。
❿駅構内のはずれに打鐘式踏切。

す。安全に留意しながら、サウンドスケープを記録したい。なお、ここでは腕木式信号機も見られ、津軽鉄道の車両入換なども行われる。

関東

駅メロディで楽しむ常磐線

常磐線は上野と仙台を結ぶ幹線である（正式には日暮里〜岩沼間）。同区間の全長343・7キロと長い路線で、駅の数は80にもおよぶ。この路線の楽しさは、何といっても発車メロディのバリエーションにある（**表3-1**）。ご当地メロディはもちろん、オリジナル曲や常磐線だけで耳にできるレアなメロディがあったりして、退屈しない。水戸など録音向きの駅もあるので、全線を乗り通してみたい路線のひとつだ。

なお、友部以北の一部列車（E531系による5両編成の列車）では、ワンマン運転が実施されている。この場合、駅のスピーカーから発車メロディは流れず、車両に搭載され

■表3-1　常磐線（上野～仙台間）聴いておきたい発車メロディ

駅	番線	方面	使用曲（※1）	特記
上野	16・17	下	あゝ上野駅	井沢八郎が歌ったヒット曲 地平ホームで音が反響する
北千住	1・2	下	陽だまり	別バージョンが新橋で流れる
	2	上	オリジナルメロディ	北千住のみで聴ける楽曲 ホームの松戸方はよく音が反響する
	3	上	オリジナルメロディ	
松戸	1	下	春風	別バージョンが新橋で流れる
龍ケ崎市	1	上	ＲＹＵとぴあ音頭	1、3番線は駅員がメロディを流す
	2	※2	カエルの合唱	どのホームも明るいアレンジ
	3	下	白鳥の湖	牛久沼の白鳥にちなむ
牛久	1	下	グリーン・グリーン	アップテンポで元気が出てくる旋律
	2	上	オー・シャンゼリゼ	
荒川沖・土浦・神立	－	下	きらきら星変奏曲	モーツァルト作曲のクラシック音楽
	－	上	風の贈り物	土浦市のイメージソング
石岡	1	下	バラが咲いた	マイク真木の名曲
	2	上	ここで君を待ってるよ	もの哀しい旋律が印象的
	3	上	石岡のおまつり	待合せ・通過待ちの列車のみで流れる
岩間	1	下	幸せなら手をたたこう	笠間市は坂本九が戦時中に 学童疎開していた地
	2	上	レットキス（ジェンカ）	
友部	1	上	上を向いて歩こう	
	2	下	明日があるさ	
	3	※3	幸せなら手をたたこう	水戸線（直通列車含む）はすべて ワンマンで、車両からメロディを流す
水戸	3・4	下	オリジナルメロディ	鐘の音が特徴的なメロディ 貨物列車も通り、車両のバリエーションが豊かなうえ、雑音が少なく録音向き
	5・6	上	オリジナルメロディ	
	7	上	オリジナルメロディ	
大甕	1	下	恋のメキシカンロック	日立市内の5駅では 作曲家・吉田正の出身地にちなみ、 下りだけ各駅で異なる楽曲が流れる
常陸多賀	1	下	公園の手品師	
日立	1・2	下	寒い朝	
小木津	1	下	明日は咲こう花咲こう	
十王	1	下	若い港	
十王・小木津	－	上	いつでも夢を	吉田正作曲
日立～大甕	－	上	いつでも夢を	十王・小木津とは異なるバージョン
高萩	1	下	あしたの風とひとつになって	高萩市出身の地理学者・長久保赤水氏を歌った賛歌
	1・2	上	あしたの風とひとつになって	
磯原	1・2	※2	七つの子	63秒あるメロディ 最後まで流れることはほぼない
湯本	1～3	※2	シャボン玉	オルゴール調の優しい音色
いわき	1・2	上	フラガール	地元ゆかりの映画の主題歌
	3・4	※2	楽興の時	シューベルト作曲のクラシック音楽
	5	※2	春の歌	メンデルスゾーン作曲のクラシック音楽
原ノ町	1～3	※2	相馬流れ山	伝統行事『相馬野馬追』で歌われる
仙台	4～6	上	ff（フォルティシモ）	ほぼ必ず、メロディに放送が重なる

※1　太枠はご当地メロディ
※2　上下線どちらも使用列車あり
※3　22時35分発の勝田行きのみ常磐線からの列車　そのほかはすべて水戸線

たスピーカーから流れる。楽曲は駅で流れるものと同じだが、音質が異なる。

小田急と箱根登山鉄道の魅力

都心から近い箱根は、音鉄にとっても魅力の多いエリアだ。小田急電鉄で小田原まで行き、箱根を目指すなら、まずは小田急でも音を楽しみたい。個性が感じられる列車接近メロディが多いので、途中下車をしながら行くと楽しいはずである（図3-3）。

箱根登山鉄道は、小田原～強羅間を結ぶ約15キロの路線。通称は「登山電車」。その名が示すだけあって、全線にわたって勾配が続く。運行は箱根湯本駅で系統分離されており、小田原～箱根湯本間は小田急電鉄の車両が輸送を担う。

途中、入生田《いりうだ》～箱根湯本間は「三線軌条」となっている。小田急と箱根登山鉄道とでは軌間が異なり（それぞれ１０６７ミリ、１４３５ミリ）、箱根登山鉄道の車庫が入生田にある関係で、入生田～箱根湯本間だけ、３本のレールが敷かれている。その入生田駅では箱根登山鉄道の入出庫シーンが見られ、三線軌条のため、ジョイント音は独特なものとなる。出入りする車両は小さく、小刻みなジョイント音となるが、小田急の電車の場合、編成が

■ 図3-3　小田急電鉄 音鉄マップ

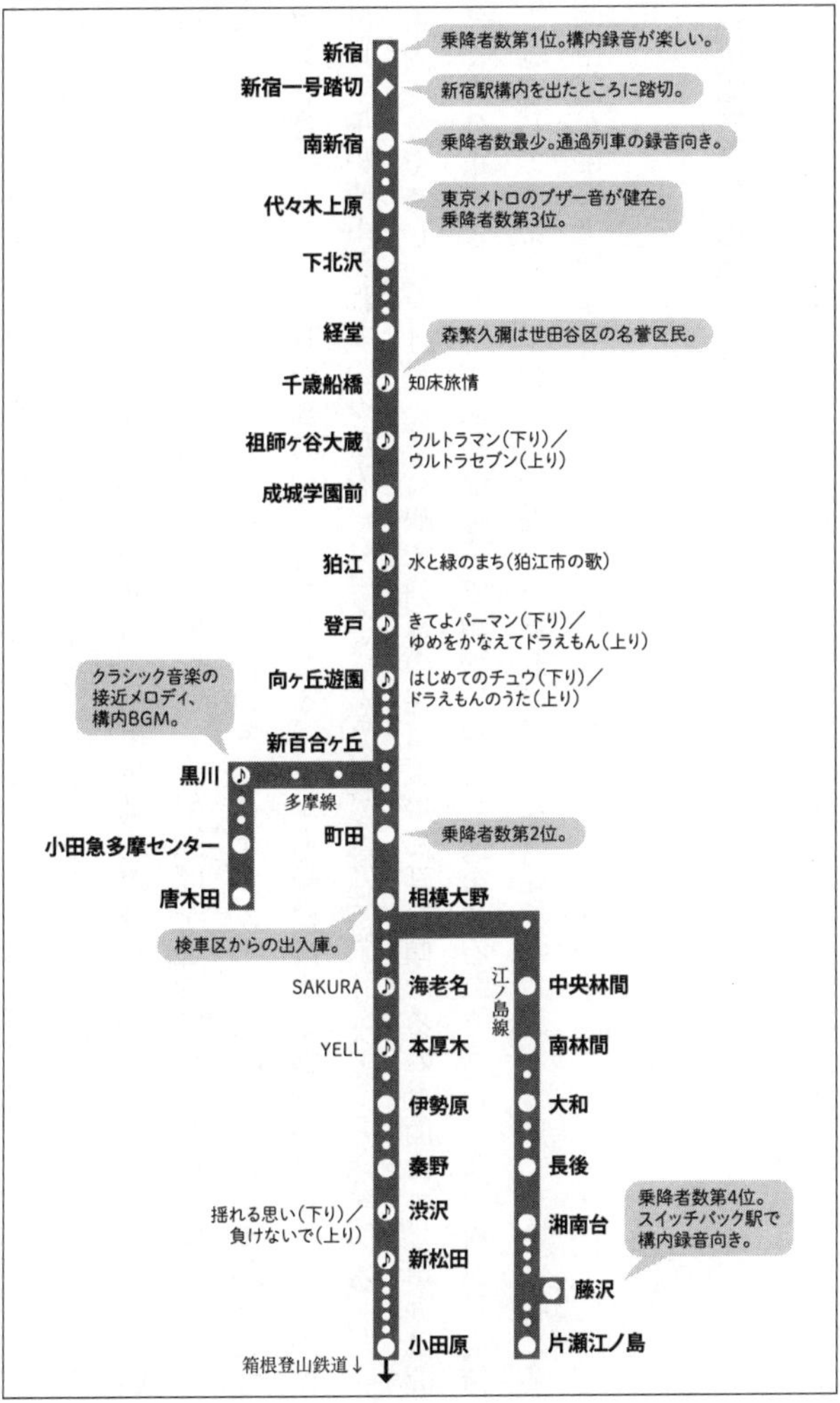
新宿
乗降者数第1位。構内録音が楽しい。
新宿一号踏切
新宿駅構内を出たところに踏切。
南新宿
乗降者数最少。通過列車の録音向き。
代々木上原
東京メトロのブザー音が健在。
乗降者数第3位。
下北沢
経堂
森繁久彌は世田谷区の名誉区民。
千歳船橋
知床旅情
祖師ヶ谷大蔵
ウルトラマン(下り)／
ウルトラセブン(上り)
成城学園前
狛江
水と緑のまち(狛江市の歌)
登戸
きてよパーマン(下り)／
ゆめをかなえてドラえもん(上り)
向ヶ丘遊園
はじめてのチュウ(下り)／
ドラえもんのうた(上り)
クラシック音楽の
接近メロディ、
構内BGM。
新百合ヶ丘
黒川
多摩線
小田急多摩センター
唐木田
町田
乗降者数第2位。
相模大野
検車区からの出入庫。
SAKURA
海老名
YELL
本厚木
伊勢原
秦野
揺れる思い(下り)／
負けないで(上り)
渋沢
新松田
小田原
箱根登山鉄道↓
江ノ島線
中央林間
南林間
大和
長後
湘南台
乗降者数第4位。
スイッチバック駅で
構内録音向き。
藤沢
片瀬江ノ島

長く、徐行するため、数分間にわたってジョイント音が楽しめる。

箱根湯本から先は本格的な勾配区間となる。箱根湯本~小涌谷間の勾配は80パーミル。いうまでもなく、日本一の勾配路線である。吊掛駆動車が健在だった頃は、その重々しい走行音に酔いしれることができたが、今もなお、勾配区間を進む電車の音には重厚感が感じられる。上り勾配を進んでいくモーター音のみならず、カーブ区間ではレールがきしむフランジ音を奏で、それが森の中に響きわたる。しかも箱根湯本~強羅間は10メートルの短尺レールが使用されているため、ジョイント音の響きは独自のリズムとなっている。

車内で音を楽しむだけでなく、駅で列車の発着風景に耳を傾けるのも面白い。単線区間を多くの列車が走るので、駅や信号場で頻繁に列車交換をする。そういった発着風景を傍らで録音してみよう。早朝や夜間などであれば、かなり遠くから音が響いてくる。特に冬場は空気が澄んでいるので、音がより一層、美しい季節である。

●箱根湯本から強羅へ

箱根湯本駅の発車メロディは『箱根八里』をアレンジしている。軽快なテンポとなっており、旅人の気分を高めてくれる。『箱根八里』は小田原駅や強羅駅でも編曲の異なるものが用いられているので、違いを比較してみよう。週末や多客時には終日肉声による案内放送が入るので、これを盛り込んで収録すると臨場感が高まる。

箱根登山鉄道の車内放送は自動アナウンスとなっており、丁寧な沿線案内が入る。車窓案内のほか、登山電車の特色や歴史、設備についての紹介もある。また、自称は「登山電車」で、出発時には「本日も登山電車をご利用くださいまして、ありがとうございます」というアナウンスが入る。

箱根湯本駅を出ると、すぐに急勾配が始まる。一つめの塔ノ沢は無人駅で、トンネルに挟まれた場所にある。利用客は少ないが、車掌がホームを走り、降車客のきっぷを回収する様子が見られる。また、この駅ではトンネル内に響いてくる列車の音も楽しめる。

大平台はスイッチバック駅で、頭端式のホームで列車交換をする。列車が入線すると、続いてもう一方の列車が入線し、しばらくすると、それぞれが発車していく。列車が去ると、駅は静寂に包まれるが、スプリングポイントの音にも耳を傾けたい。雑音の少ない空間なので、分岐点あたりでマイクを構えてみよう。

強羅駅は鉄道の終点であると同時に、早雲山行き鋼索線（ケーブルカー）の起点でもあ

■ 地図3-3　小田原・箱根広域

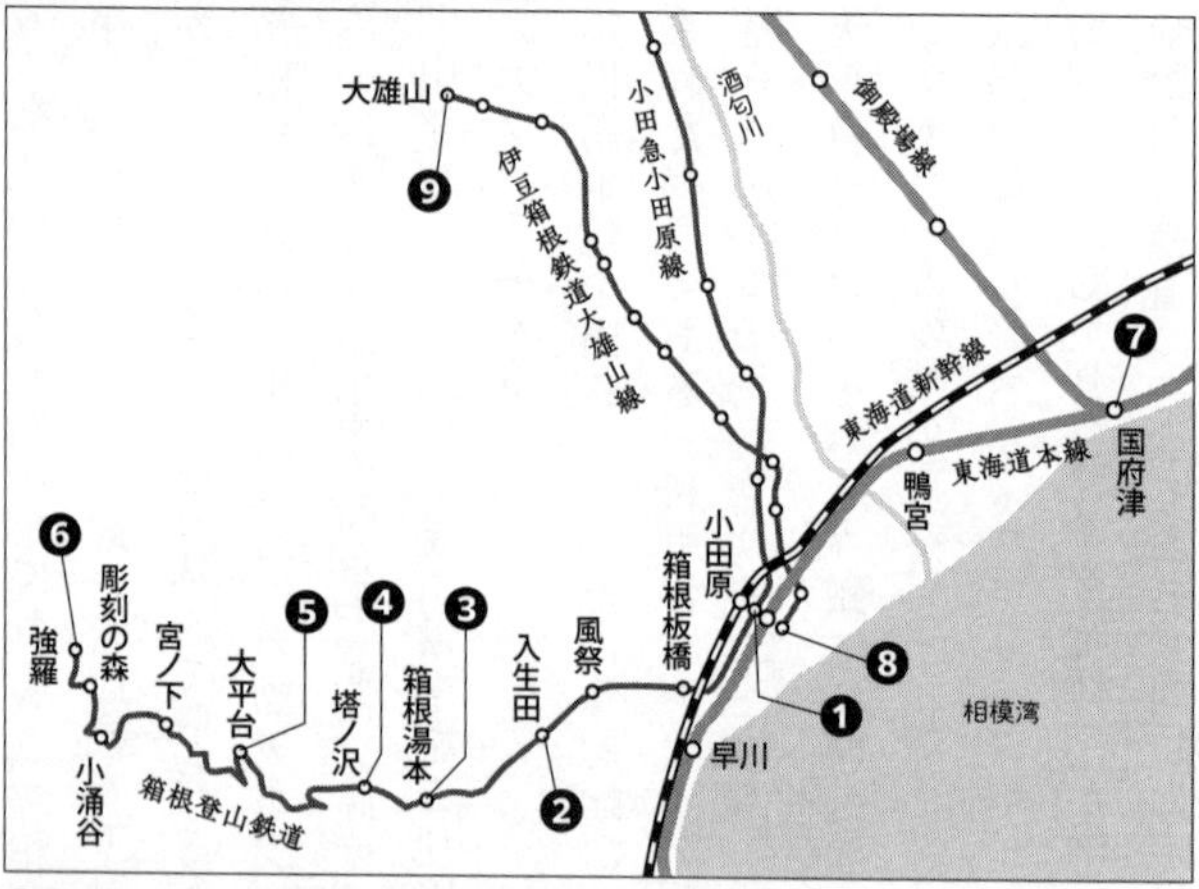

❶発車メロディ『箱根八里』。軽快バージョン。
❷入生田～箱根湯本間は三線軌条。登山電車の入出庫のシーンも。
❸発車メロディ『箱根八里』。アップテンポ。
❹トンネル内から迫ってくる電車の音。雑音のない世界。
❺スイッチバック駅で列車交換。スプリングポイント。
❻発車メロディ『箱根八里』。周囲に響き渡る音色。
❼発車メロディ『みかんの咲く丘』。ホームごとでバージョンが異なる。
❽東海道本線は発車メロディ『お猿のかごや』。まとまりのある名メロディ。
❾発車メロディ『金太郎』。

る。発車メロディに『箱根八里』が流れるが、鉄道線と鋼索線で異なったイメージのアレンジが施されている。

北陸

富山都市圏の鉄道を楽しむ

富山駅は北陸新幹線と高山本線、あいの風とやま鉄道、そして富山地方鉄道（富山地鉄）の電鉄富山駅が隣接する交通の要衝だ。新幹線開業にあわせた大工事で駅の様相は一変したが、特筆すべきは、新幹線の改札を出ると、正面に富山地方鉄道富山軌道線の乗り場があることだろう。乗換えはスムーズで、雨にも濡れない。実際に、路面電車に乗り継ぐ人々の姿は絶えない。

富山県と富山市は路面電車を都市交通の担い手として位置づけ、積極的な経営を促進している。市内交通を担う富山地鉄富山軌道線は、車両のバリエーションが豊富だ。最新鋭の新型車両〝セントラム〟が来るかと思えば、古参車両が重厚な音とともに現れる。超低床車から旧来の吊掛駆動車まで、退屈しない。

軌道線の本数は多く、富山駅電停を出た先にある広場は信号待ちの関係で、電車が数珠繋ぎになることがある。チャイムや警笛のほか、富山駅乗入れの際に搭載されたメロディホーンもある。これは『メヌエット』の旋律をアレンジしたもので、耳に心地いい。電車の出入場とそれに伴うブザー音、そして「電車が来ます。渡らないでください」という注意放送が繰り返される。市内に出る前や富山を後にする際は、ここで行き交う電車の様子を耳で楽しみたい。

様々な駅メロディが楽しめる「あいの風とやま鉄道」

あいの風とやま鉄道は、北陸新幹線の金沢開業時に誕生した第三セクター鉄道。沿線地域をアピールするべく、列車入線時に各自治体をイメージしたメロディを導入しているのが特徴だ。県内には21の駅があり、全駅に入線メロディが用意されている。いずれもその駅、その街に関わりのあるメロディとなっている（**表3-2**）。

■ 表3-2 「あいの風とやま鉄道」入線メロディ

駅	曲名	備考
石動	小矢部で 見つけましょう	小矢部市のイメージソング
福岡	ふるさと高岡	高岡市の歌を特産品の銅器 「おりん」でアレンジ
西高岡		
高岡やぶなみ		
高岡	ふるさとの空	サビ部分のアレンジ
越中大門	イミズムズムズ♪	射水ブランド促進ソング
小杉		
呉羽	ふるさとの空	Ａメロ部分のアレンジ 久石譲作曲の富山県ふるさとの歌
富山		
新富山口		
東富山		
水橋		
滑川	滑川市の歌	市民歌をオルゴール調にアレンジ
東滑川		
魚津	Uozu Chime	民謡『せりこみ蝶六』のアレンジ
黒部	公共交通のうた	公共交通利用促進の楽曲 作曲は高原兄
生地		
西入善	ただいま	入善出身の歌手・西島梢の ソロデビュー作
入善	上海帰りのリル	入善出身の歌手・津村謙の 大ヒット曲
泊	まめなけ あさひ	「まめなけ」は富山方言で 「お元気ですか」の意
越中宮崎	城の越から	鹿嶋神社の伝統舞踊『稚児舞』の メロディをアレンジ

※いずれも列車接近放送のあとに流れる

富山駅は北陸新幹線の脇に駅が設けられている。構内が屋根にすっぽりと覆われているのは、雪国仕様というべきもの。メロディが反響して録音向きだが、隣に新幹線が発着すると、停車時のブレーキ音（80ページ参照）で、かき消されてしまうことがある。

富山と高岡の両駅については、接近メロディだけでなく、発車メロディも用意されている。富山駅は、季節によってメロディが変わる。高岡駅のメロディはオリジナル曲『越の高岡』で、高岡の地場産業である銅器「おりん」の音色が響く。

なお、同社は自社メロディのCDも販売しており、駅メロディへの思い入れが感じられる。

高岡駅周辺を音散策

北陸新幹線開業前の高岡駅は、数多くの特急や夜行列車が発着し、全国有数の音鉄スポットとして知られていた。しかし、〝特急銀座〟の様相を呈していた北陸本線は様変わりし、長距離を走る優等列車はすべて姿を消した。長いホームと広い構内が少々寂しげである。

現在、高岡駅は橋上駅舎となっており、昭和らしい雰囲気を感じさせていた駅ビルは取り壊された。あいの風とやま鉄道とJR氷見線、JR城端線の接続駅となっており、隣接して万葉線高岡軌道線の乗り場が併設されている。

高岡駅の構内はかなり広く、氷見線や城端線の車両入換作業などが終日行われている。さらに時間帯によっては貨物列車も通過し、気動車が発車を待つ際のエンジン音も響いている。そして、あいの風とやま鉄道は列車入線前に複数回案内が入るので、駅は静かだが、絶え間なく「音」が存在している印象だ。

氷見線は雨晴駅付近の絶景で知られている。そのほかにも藤子不二雄Ⓐ氏の出身地ということもあり、〝忍者ハットリくん列車〟が走っている。車内案内放送は『ハットリくん』の声で行われる。なお、このラッピング車両は城端線に入ることもあるが、その場合は『ハットリくん』の声ではない。

また、万葉線の高岡駅前停留場でも、「おりん」によるオリジナルメロディが流れる。高岡駅とは異なり、建物の中に音色が響くので、やや印象が異なる。これは入線時と発車時に流れるが、架線に設置されたセンサーにパンタグラフが接触すると、メロディが流れるという仕組み。つまり、出発時は発車前ではなく、ドアが閉まって電車が動くタイミングでメロディが流れる。

吊掛車の音が楽しい万葉線。車種が豊富で新旧の音が楽しめる。

万葉線は高岡駅前～越ノ潟間の12・9キロを走る。〝アイトラム〟と呼ばれる超低床車が導入されており、2012（平成24）年9月からは、車両に大きく『ドラえもん』をラッピングした〝ドラえもんトラム〟が登場している。この電車の人気は高く、わざわざこれに乗るためにやってくる外国人旅行者もいる。

万葉線には吊掛駆動車が残っているので、音鉄的にはこちらを楽しみたい。おすすめは六渡寺《ろくどうじ》駅で、発着シーンを録音するのに向いている。このほか、庄川を渡る鉄橋も狙ってみたい。右岸にある庄川口駅では、橋を渡ってくる電車の音を録ることができるし、橋げたの下にも行けるので、ここで音を楽しむことも可能。橋梁通過時には警笛を鳴らすこともある。

また、六渡寺～越ノ潟間は専用軌道が多く、速度も上がる。乗客も少なくなるので、吊掛サウンドを車内で楽しむなら、この区間がおすすめだ。中新湊駅の先には内川橋梁があり、ここでも豪快な音が聴ける。東新湊駅から海王丸駅、そして終点の越ノ潟駅までは直線区間が続き、速度を上げる。こちらも録音向きの区間と言える。雑音が少ない区間でもあるので、線路端で吊掛駆動車の通過音を狙うことも可能だ。

金沢駅と北陸鉄道

新幹線の開業前から、北陸本線の主要駅は高架化が進められていた。金沢のほか、福井や小松なども高架駅となっており、似たような設計となっている。金沢が高架駅となったのは1991（平成3）年。雪国ということもあり、また強風への対策もあって、駅全体がすっぽりと壁と屋根に包まれている。これが適度な反響効果を呼ぶ構造となっている。

金沢駅の発車メロディは、和風テイストでまとめられている。琴の音色を現代風にアレンジしたもので、城下町・金沢のイメージがかきたてられる。金沢らしさが感じられるということで、旅行者にも受けいれられている。ホームの富山方でマイクを構えれば、七尾線直通の列車を含めた録音が可能となる。

北陸鉄道浅野川線は金沢駅の地下から出ている。北陸鉄道は旧式踏切の宝庫というべき存在だったが、事故をきっかけに激減。浅野川線は蚊爪《かがつめ》駅に残っていたものの、2023（令和5）年の機器更新で全滅となった。石川線もその数は大幅に減り、小柳《おやなぎ》駅や日御子《ひのみこ》駅近くなど、3カ所を残すばかりである。

浅野川線には一部ながら、短尺レール区間があり、不規則に変化するジョイント音が楽しめる。また、それなりの速度で走る区間がある一方、大野川橋梁などでは徐行運転をする。粟ケ崎駅のホーム先端でマイクを構えると、そろりそろりとやってくる列車の音を収められる。

石川線にも短尺レール区間が一部で残っており、小刻みで軽快なジョイント音が楽しめる。また、力強いモーター音も魅力的でもある。直線区間ではそれなりにスピードを出し、車内の揺れも相当なものになるが、新西金沢駅と野々市駅の近くには急カーブ区間があり、きしむ音を奏でながら、徐行運転をする。同線は中間の全駅が無人駅になっており、野町と鶴来だけが駅員常駐駅となっている。駅間も短く、降車案内のアナウンスが随時流れている印象だが、その声色はやや古風な印象で、耳に心地よい。

名古屋

名鉄名古屋駅は偉大なるカオス

名古屋駅は中京圏の要となっている一大ターミナル。拠点駅は名古屋に一極集中している状況で、ターミナルが複数存在する東京や大阪とは異なる。ＪＲはもちろん、名古屋鉄道や近畿日本鉄道の拠点にもなっている。当然、広範な地域から人が押し寄せてくる。

音鉄的にも素材は豊かで、特に日本で最も列車の〝捌き〟が難しいとされる名鉄名古屋駅は見逃せない存在だ。約２分おきともいわれる高密度運転のため、名鉄のダイヤは運転時分と停車時分の設定が５秒単位となっている。ホームは大きく湾曲しており、相対式ホームの間に島式ホームを挟むという特殊な構造だ。終日列車が行き交い、ホームは乗降客で溢れかえっている。放送については、行き先や時刻、列車種別、乗換や停車駅案内、途中駅での種別変更など、内容が多岐にわたる。これらを短時間でこなすことは自動放送ではできないため、駅員の肉声による案内が繰り返される。上下線のそれぞれに放送専用ブースが設けられているのもこの駅の特色である。
そういった状況なので、島式ホームを降車客と特別車の乗降用とし、乗車客は両側のホームで列車を待つ。しかし、それでは多客時に人が溢れてしまうので、ホームを前方と後方に分け、行き先別に列車が停止位置を変えて、発着するようになっている。そういった内容も、駅員のアナウンスで案内される。

終日、列車と人で溢れかえる名鉄名古屋駅。放送では「名鉄」を付けないのが一般的。

具体的には、豊橋と岐阜を結ぶ名古屋本線のほか、計10路線への列車が発着しており、列車種別と行き先が絡み合う。ちなみに、行き先は岐阜・犬山方面行きで11種類あり、豊橋・常滑方面行きで19種類もある。列車種別も「普通」、「準急」、「急行」、「特急」に分かれ、これもまた名鉄の特色なのだが、同じ種別であっても停車駅が異なる場合がある。さらに列車編成も2両から8両までと多岐にわたり、それによっても乗車位置が変わる。まさに案内放送が延々と繰り返されている印象なのである。

駅の音を印象付けているもののひとつに、発車時に鳴る電子ベルの音色がある。これは下りホーム（名鉄岐阜・犬山・津島方面）が高音で、上りホーム（豊橋・中部国際空港・内海方面）がやや低音となっている。そして、終日流れている「足元にご注意ください」という自動放送は、以前に比べると頻度は下がったが、それでも一日に何回流れているのか分からないほど繰り返されている。

構内のサウンドスケープを楽しむなら、人で溢れかえる朝夕のラッシュアワーは避け、日中の訪問をおすすめしたい。この駅の場合、早朝と深夜を除き、ほぼ終日、本数が多いことも特色だ。夜は徐々に本数は減っていくが、23時台になると、最終列車への接続を案内する関係で、放送がより盛んになり、賑やかさが戻ってくる。

名鉄と言えばミュージックホーンだが……

名鉄といえばミュージックホーンである。正式には「トランジスタ式電子音」と呼ばれ、連続して鳴らされることが多かった。名車7000系〝パノラマカー〟は、2009（平成21）年に惜しまれつつも引退したが、ミュージックホーンそのものは健在で、搭載車両は1200系〝パノラマsuper〟、2000系〝ミュースカイ〟のほか、2200系（特別車）と2300系（一般車）がある。

ただし、どこでミュージックホーンを鳴らすのか、これは全く予測がつかない。あくまでも印象ではあるが、上小田井駅や太田川駅では比較的鳴らす機会が多いように思われる。特にミュースカイが高速で通過する太田川駅などは狙い目だろう。

一方、〝鳴らさない場所〟というものは存在し、名鉄名古屋駅や名鉄岐阜駅付近の住宅密集地ではミュージックホーンを鳴らすことはない。また、豊橋～平井信号場間の飯田線との共用区間でも、JR東海との規定により、鳴らされることはない。なお、名鉄の公式ウェブサイトにはパノラマカーを紹介するページがあり、そこで往年の音色を視聴することができる。

また、名鉄名物というべきもののひとつに、鉄道無線の時報がある。名鉄の車両は運転室内に時刻を知らせる装置が搭載されており、毎時00分にチャイムとともに時報が入る。これもぜひ耳にしたい音である。

名古屋の地名は奥が深い

名鉄は自動アナウンスが丁寧なことでも評価が高い。車内放送の始めには「ご案内します」と入る。列車が到着した際は、「ありがとうございました。○○（駅名）です」と必ず「ありがとうございました」が入る。音声も聞き取りやすく、好印象だ。

こういったアナウンスを聴いて学べることとは、「地元で用いられる正しい地名の読み方・アクセント」である。中京圏では地名のアクセントが第二音節に来ることが多い。特に三文字の地名はその傾向が強い。

たとえば、知立は「ちりゅう」、金山は「かなやま」、瀬戸線の水野は「みずの」となり、名古屋も会話の場合は多くが「なごや」である。さらに、栄生《さこう》は「さこー」であり、布袋《ほてい》は「ほてー」という発音である。また、森下や清水のようにアクセントがなく、平音で読む地名もある。こういった地元のアクセントを知ることができるのも、音鉄趣味の面白いところである。じっくり耳を傾けると、こんな発見に出合える。

■ 図3-4　名古屋付近の音鉄スポット

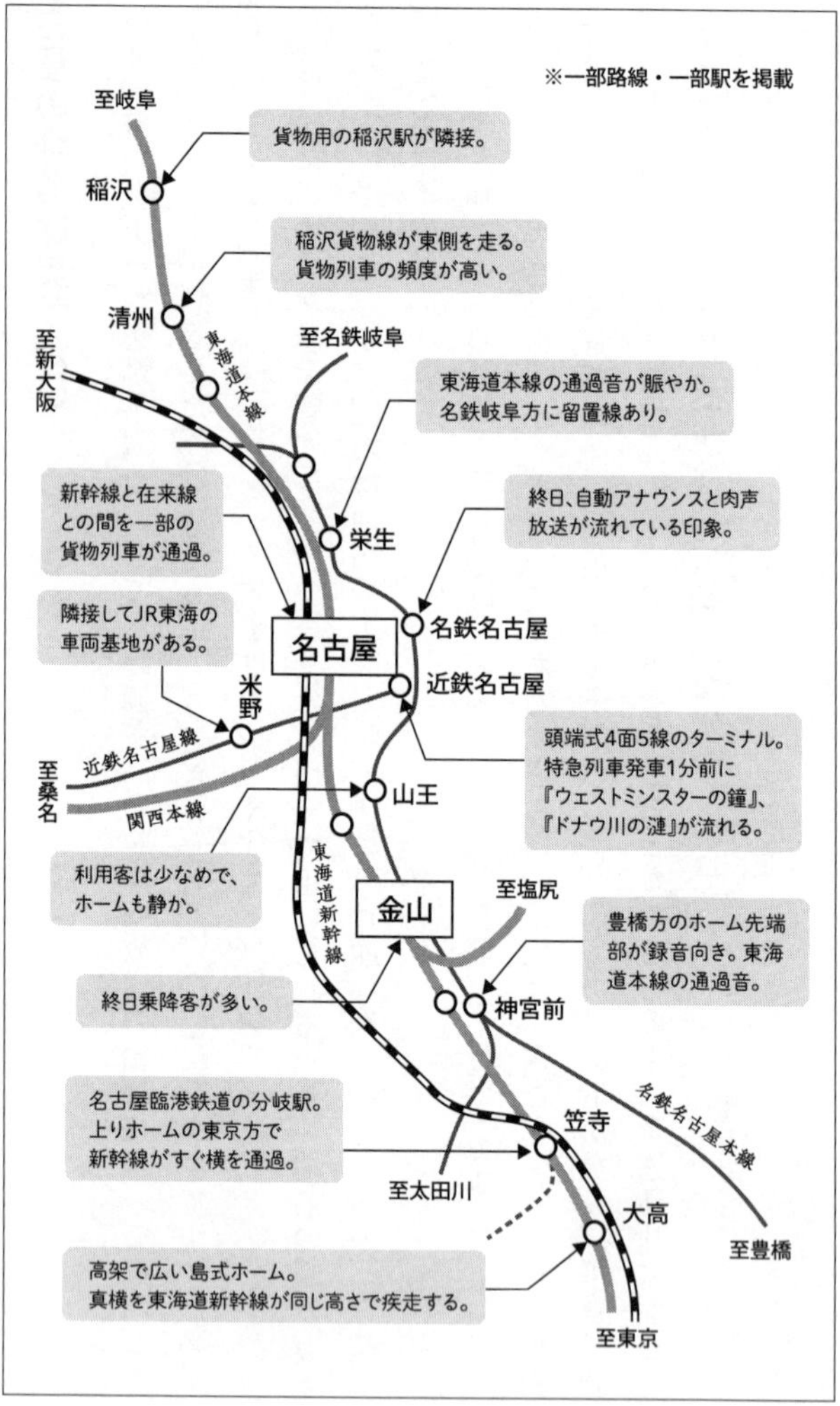
※一部路線・一部駅を掲載
至岐阜
貨物用の稲沢駅が隣接。
稲沢
稲沢貨物線が東側を走る。
貨物列車の頻度が高い。
清州
東海道本線
至新大阪
至名鉄岐阜
東海道本線の通過音が賑やか。
名鉄岐阜方に留置線あり。
終日、自動アナウンスと肉声
放送が流れている印象。
新幹線と在来線
との間を一部の
貨物列車が通過。
栄生
名鉄名古屋
隣接してJR東海の
車両基地がある。
名古屋
近鉄名古屋
米野
近鉄名古屋線
至桑名
関西本線
頭端式4面5線のターミナル。
特急列車発車1分前に
『ウェストミンスターの鐘』、
『ドナウ川の漣』が流れる。
山王
利用客は少なめで、
ホームも静か。
東海道新幹線
金山
至塩尻
豊橋方のホーム先端
部が録音向き。東海
道本線の通過音。
終日乗降客が多い。
神宮前
名鉄名古屋本線
名古屋臨港鉄道の分岐駅。
上りホームの東京方で
新幹線がすぐ横を通過。
笠寺
至太田川
大高
至豊橋
高架で広い島式ホーム。
真横を東海道新幹線が同じ高さで疾走する。
至東京

名古屋駅付近に点在する音鉄スポット

名古屋近辺には〝音鉄スポット〟と呼べる場所が多い（図3-4）。JRの名古屋駅は、新幹線と在来線の間を一部の貨物列車が走る構造で、豊橋駅と同様、新幹線ホームから貨物列車が見られる。旅客列車の列車密度でいえば、すぐに思いつくのは金山駅である。東海道本線、中央本線の間に名鉄名古屋本線の駅があり、朝夕の発着頻度は全国有数といえる。

また、名古屋市営地下鉄東山線も列車本数が多い路線で、混雑路線としても知られる。ラッシュ時は2分おきに列車が発着する。例えば、平日朝8時台の名古屋駅の列車は高畑行きが27本、藤が丘行きが28本となっている。これを島式ホーム一本で捌くと考えれば、いかに高密度であるかが想像できる。ホームは狭く、人で溢れかえっているが、こちらも停止位置がズレており、意外にも静かだったりするところが興味深い。

名鉄では、栄生駅と山王駅を訪ねてみたい。どちらも1面2線というシンプルな構造で、優等列車は通過する小駅だが、名鉄のみならず、東海道本線を走る列車や新幹線の通過音も耳に入ってくる。神宮前駅は東海道本線がすぐ隣を走るが、駅が設けられていないので通過となる。ここでは貨物列車の通過音が狙い目だ。名鉄の駅は少し高い位置にあり、東海道本線は駅ビルとの間に挟まれているので、反響が大きい。重厚な機関車の音と、長大な貨物列車の通過音を楽しみたい。

名鉄築港線と直角平面交差（ダイヤモンドクロス）することで知られる名古屋臨港鉄道も興味深い存在。貨物列車ならではの音が楽しめる路線で、華やかさはないものの、〝働く鉄道〟の魅力が詰まっている。よく知られているのは、天白川右岸の踏切で、打鐘式警報音が健在。時には〝トヨタ・ロングパス・エクスプレス〟といった長大編成の貨物列車が橋を渡り、重厚な通過音をたっぷり楽しめる。しかも、かなりの確率で警笛を鳴らす。アクセスはやや不便だが、ぜひとも訪ねてみたい場所である。

近畿

大阪環状線のメロディを楽しむ

大阪環状線は大阪市の中心部を一周する路線で、全長は21・7キロ（正式には天王寺〜

■図3-5　大阪環状線 発車メロディ

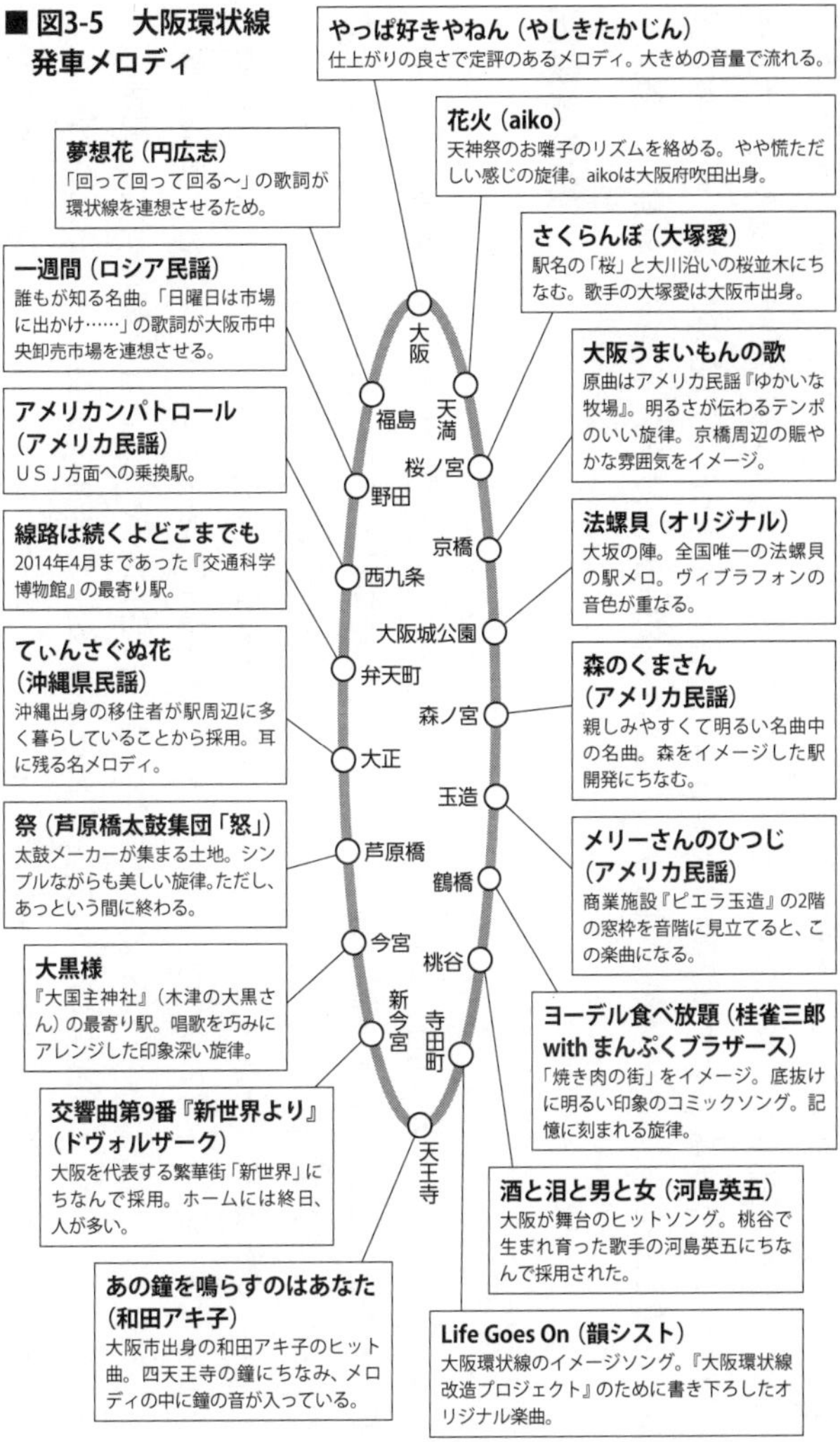
大阪
天満
桜ノ宮
京橋
大阪城公園
森ノ宮
玉造
鶴橋
桃谷
寺田町
天王寺
新今宮
今宮
芦原橋
大正
弁天町
西九条
野田
福島
やっぱ好きやねん（やしきたかじん）
仕上がりの良さで定評のあるメロディ。大きめの音量で流れる。
花火（aiko）
天神祭のお囃子のリズムを絡める。やや慌ただしい感じの旋律。aikoは大阪府吹田出身。
さくらんぼ（大塚愛）
駅名の「桜」と大川沿いの桜並木にちなむ。歌手の大塚愛は大阪市出身。
大阪うまいもんの歌
原曲はアメリカ民謡『ゆかいな牧場』。明るさが伝わるテンポのいい旋律。京橋周辺の賑やかな雰囲気をイメージ。
法螺貝（オリジナル）
大坂の陣。全国唯一の法螺貝の駅メロ。ヴィブラフォンの音色が重なる。
森のくまさん（アメリカ民謡）
親しみやすくて明るい名曲中の名曲。森をイメージした駅開発にちなむ。
メリーさんのひつじ（アメリカ民謡）
商業施設『ピエラ玉造』の2階の窓枠を音階に見立てると、この楽曲になる。
ヨーデル食べ放題（桂雀三郎withまんぷくブラザース）
「焼き肉の街」をイメージ。底抜けに明るい印象のコミックソング。記憶に刻まれる旋律。
酒と泪と男と女（河島英五）
大阪が舞台のヒットソング。桃谷で生まれ育った歌手の河島英五にちなんで採用された。
Life Goes On（韻シスト）
大阪環状線のイメージソング。『大阪環状線改造プロジェクト』のために書き下ろしたオリジナル楽曲。
夢想花（円広志）
「回って回って回る～」の歌詞が環状線を連想させるため。
一週間（ロシア民謡）
誰もが知る名曲。「日曜日は市場に出かけ……」の歌詞が大阪市中央卸売市場を連想させる。
アメリカンパトロール（アメリカ民謡）
ＵＳＪ方面への乗換駅。
線路は続くよどこまでも
2014年4月まであった『交通科学博物館』の最寄り駅。
てぃんさぐぬ花（沖縄県民謡）
沖縄出身の移住者が駅周辺に多く暮らしていることから採用。耳に残る名メロディ。
祭（芦原橋太鼓集団「怒」）
太鼓メーカーが集まる土地。シンプルながらも美しい旋律。ただし、あっという間に終わる。
大黒様
『大国主神社』（木津の大黒さん）の最寄り駅。唱歌を巧みにアレンジした印象深い旋律。
交響曲第9番『新世界より』（ドヴォルザーク）
大阪を代表する繁華街「新世界」にちなんで採用。ホームには終日、人が多い。
あの鐘を鳴らすのはあなた（和田アキ子）
大阪市出身の和田アキ子のヒット曲。四天王寺の鐘にちなみ、メロディの中に鐘の音が入っている。

大阪〜新今宮間の20・7キロ)。19の駅があり、そのすべてに発車メロディが導入されている。これは2013(平成25)年にスタートした『大阪環状線改造プロジェクト』の一環で、各駅の個性を際だたせることを目的に企画されたものである。

導入されたのは2015(平成27)年3月。メロディの美しさだけでなく、エピソードが豊富なことも特色で、メロディの由来を紐解くだけで、駅のイメージや大阪らしさ、そして、大阪人の気質が見えてくる。どのメロディも7秒と短いものの、採用部分の切り取りが的確なためか、耳に心地いいだけでなく、すぐに曲を認識できる。選曲理由はどの駅もひと捻りあるので、事前に知っておくと楽しさも大きくなる(**図3-5**)。

近鉄で音鉄

近畿日本鉄道(近鉄)は大阪と名古屋、京都、奈良、伊勢志摩を結び、都市間輸送や観光客輸送、そして地域住民の足として機能する日本最大の私鉄である。特急の車内メロディをはじめ、発車ブザーや駅メロディ、そして踏切の警報音など、多彩な音源に満ちている。

特に自動アナウンスについては注目したい。近鉄は列車の運行距離が長いだけでなく、路線や列車種別も多い。そのため、停車駅、列車の接続、乗換え、車両数、拠点駅への先着案内、乗り場案内などが複雑に絡み合う。それでいて、利用客に寄り添った懇切丁寧な内容のため、放送そのものが長い。これを自動音声で見事にこなしている。同社は大阪統括部と名古屋統括部に分かれている関係で、構内放送や車内放送には差異が見られる。アナウンサーも異なり、放送内容、表現などにも違いがある。

また、駅の構内放送では、優等列車の停車駅を詳しく案内するのが近鉄の特色である。特急券の購入案内などもあり、やはり放送は長い。関東の私鉄とは印象が異なる。

近鉄特急のメロディ

近鉄の特急列車は駅に到着する際、車内メロディが流れる。駅ごとに楽曲が用意されており、広く知られた曲が多く親しみやすい。アレンジの仕上がり具合も秀逸なので、乗車の際はぜひ耳を傾けてみたい（**表3-3**）。

観光特急〝しまかぜ〟には、専用の発車メロディが用意されている。ヨハン・ブルグミュラーの『18の練習曲』の第2番『真珠』が大阪難波、京都、近鉄名古屋、賢島の各駅で流

■ 表3-3　近鉄特急車内メロディ

駅	曲名	備考
大阪難波	アニー・ローリー	スコットランド民謡。
大阪上本町	夢路より（夢見る人）	フォスターによる歌曲。
大阪阿部野橋	愛の喜び	エルビス・プレスリーの『好きにならずにはいられない』の原曲。
鶴橋	旅愁	詩人・犬堂球渓が手がけた翻訳唱歌。
京都	大きな古時計	米国で流行した楽曲。
近鉄丹波橋	楽しき農夫	シューマンによる楽曲。原曲も40秒程度と短い。
大和西大寺	おおスザンナ	アメリカで広く愛される愛唱歌。
近鉄奈良	歌の翼に	ハイネの詩。メンデルスゾーン作曲。
大和八木	故郷の人々（スワニー河）	フォスターによる楽曲。
橿原神宮前	スコットランドの釣鐘草	日本では明治期に『美しき』の題名で紹介された。
飛鳥	春の日の花と輝く	アイルランド民謡。
吉野	さくらさくら	吉野山の桜から。ややスローテンポ。
伊勢中川	田園	ベートーヴェンの交響曲第6番。
伊勢市	羊飼いの家路	以前はチャイコフスキーのピアノ協奏曲第一番。
宇治山田	『四季』より春	アントニオ・ヴィヴァルディの楽曲。
鳥羽	われは海の子	文部省唱歌。海をイメージ。
鵜方	きっとパルケエスパーニャ	志摩スペイン村のテーマソング。
賢島	マイ・ボニー	スコットランド民謡。
近鉄四日市	オリジナルメロディ	近鉄オリジナルのメロディ。
近鉄名古屋	久しき昔	イギリス民謡。『思い出』、『旅の暮れ』とも。

※いずれも、各駅到着前に流れる

れる。また、特急〝ひのとり〟にもオリジナル曲が用意され、『ひかりの鐘』という楽曲が大阪難波、近鉄名古屋、近鉄奈良の各駅で流れる。また、観光特急〝あをによし〟にもオリジナル楽曲『三都旅絵巻』が用意されており、大阪難波、近鉄奈良、京都の各駅で流れる。さらに、南大阪線の観光特急〝青の交響曲《シンフォニー》〟では、大阪阿部野橋駅の発車メロディとして、ハイドンの交響曲第101番『時計』の第2楽章が使用されている。なお、近鉄はこういったメロディを公式ウェブサイトで公開しており、誰でも視聴できるようになっている。

また、車内メロディ以外にも、近鉄名古屋駅では名阪特急発車時に、学校のチャイムで広く使用されている『ウェストミンスターの鐘』が流れ、『ドナウ川の漣《さざなみ》』（ヨシフ・イヴァノヴィチ）が続く。名伊特急発車時には同じく『ウェストミンスターの鐘』に続いて、映画『八十日間世界一周』のテーマ曲『Aウェストミンスター World』（ヴィクター・ヤング）が流れる。学校で慣れ親しんだチャイムを駅で聴くと、不思議な気持ちになる。

大和西大寺駅に憩う

大和西大寺駅は、音鉄にはよく知られた場所である。京都線、奈良線、橿原線の接続駅で、複雑な形状の平面交差で知られる。この駅は3面5線で、構内は複雑な配線となっている。大阪難波方面と奈良方面をメインとし、京都線が北から、橿原線が南から入ってくる。つまり、4つの方向に列車が発着する。そして、橿原神宮寄りには車庫があり、始発と終着の設定が多い。分割・併合を行う列車も多いので、どの時間に訪れても何かしらの列車が停車している印象だ。

この駅の構内には計28箇所のポイント（分岐器）がある。ホームの先端にいると、ひっきりなしに電車が行き来し、ファンにはたまらない光景が繰り返される。特に大阪難波・京都方は本数が多く、一日中いても退屈しないほどである。二階には展望スペースも設けられており、ここで音を楽しむことも可能だ。ポイントを通過する列車は豪快な音を奏でるが、大阪難波方面と京都方面の分岐点には踏切があり、これもまた、賑やかさを加えている。

そして、列車の発着にあわせて自動放送が流れる。

飽きることのない大和西大寺駅。構内を見おろせる展望スペースも設けられている。

肉声による案内も繰り返されるので、こちらの面からも密度の濃いサウンドスケープとなっている。なお、駅名は大和西大寺だが、放送では旧国名を抜いて、西大寺とだけアナウンスされることが多い。

近鉄南大阪線の「音」

南大阪線は近鉄のなかでも独自の雰囲気をまとった路線である。同線は最大8両編成だが、平日の日中は特急列車が2両編成という短さで走る。これは先行列車を追い抜かない特急としても知られている。春先のオンシーズン以外は空いていることが多いので、車内音の録音を楽しみたい場合は特急を選びたい。

南大阪線は分割・併合をする列車が多いことも特色である。特に古市駅での作業は見ものだ。ホーム内を前後に移動する列車というのはもちろん、同じホームで二度、客扱いをする列車もめずらしく、そういったシーンを眺める楽しみもある。急行列車との接続も行うため、当然、構内放送や車内放送も複雑で長いものとなる。そして、近鉄特有の発車ベル（ブザー）にも耳を傾けたい。

南大阪線の沿線には古墳が多く見られ、特に藤井寺～古市間などは古墳を避けるため、カーブが多い。レールと車輪の間で生じるフランジ音が鳴り響くのも、南大阪線ならではの音源だ。橿原神宮前駅より先の吉野線は単線となり、カーブが連続する。また、上ノ太《かみのたい》子《し》駅からは勾配も厳しくなる。

ちなみに、近鉄南大阪線は警報音の速い踏切があることでも知られている。そのテンポは複数あり、なかには上ノ太子第11号踏切のように、かなりハイスピードな警報音を奏でるところもある。速い警報音といえば、京成電鉄の対向列車接近時の音（一方の列車が通過して、さらにもう一方の列車が来る場合に倍速になる）が知られているが、ここはそれを上回るせわしなさとなっている。

阪急電鉄の音鉄散策

阪急電鉄も音鉄的魅力に満ちている。まずは何といっても、日本で最も大きな私鉄ターミナルである大阪梅田駅だ。10面9線の頭端式ホームで、朝夕のラッシュ時に限らず、電車がずらりと並ぶ様子は壮観である。

京都本線、神戸本線、宝塚本線のそれぞれに、オリジナルのメロディが用意されている。メロディの導入は1996（平成8）年からで、阪急自慢の凛としたアナウンス、そして駅そのものの喧騒と絡み、魅力的な音源となっている。メロディは発車の30秒前から流れる。京都本線はシンセサイザーで「古都」や「竹」、宝塚本線はトイピアノで「高級感」、神戸本線はアコースティックギターで「海」をイメージしているという。

発車メロディとしては、宝塚駅も訪ねてみたい。ここは頭端式ホーム2本を擁する高架駅で、宝塚本線と今津線の接続駅でもある。発車メロディは『鉄腕アトム』（今津線）と『すみれの花咲く頃』（宝塚本線）。今津線ホームは漫画家・手塚治虫が幼少期を宝塚で過ごしたことにちなんで採用された。そして、宝塚本線ホームは宝塚歌劇団にちなんだものである。

また、阪急の通過列車警告メロディは独自のもので、こちらも印象に刻まれる。

間もなく「1号線」に列車が参ります

阪急の自動アナウンスは男女を問わず、美声と言われているが、表現にも独自性がある。まず、ホームの呼称は「〇番線」ではなく、「〇号線」と放送する。これは系列会社の能勢電鉄も同様だ。この表現は阪急独自のもので、特に関西以外の土地からやってくると軽い衝撃を受ける。ただし、神戸三宮駅では例外的に「〇番ホーム」という呼び方をする。

また、列車の発車を伝える際の表現も、「お待たせいたしました。1号線、通勤特急、京都河原町行き、ただいま発車いたします!」と、「お待たせいたしました」の表現が入る。

そのほか、ご当地発音というべきもののひとつに、「嵐山」のアクセントがある。嵐山線の終点である嵐山駅だが、関東では「あらしやま」と平音で発音してしまいがちだが、現地ではあくまでも「ら」にアクセントがある。また、京都本線の西院駅は「さいいん」と読むが、隣接する京福電気鉄道(嵐電)の西院駅の読みは「さい」である。

新幹線の通過を柵越しに感じる

筆者がおすすめしたい阪急の音鉄スポットは、京都本線の水無瀬《みなせ》駅である。この駅の前後は東海道新幹線と阪急京都本線が並走する。高速で通過する新幹線を柵越しに同じ高さで体感できるのはここだけと言っていい。駅は相対式ホームとなっており、大阪梅田方面行きホームが新幹線のすぐ脇にある。ただし、新幹線の奥に高速道路が走っており、録音の場合、マイクを新幹線側に向けると雑音を拾ってしまうので、マイクは梅田（新大阪）方面に向けよう。言うまでもなく、通過時は風が吹き付けるので、ジャマー（風防）はあったほうがいい。

新幹線の駅で〔のぞみ〕や〔はやぶさ〕の通過シーンを眺める面白さはあるものの、水無瀬の場合は柵だけを挟んで接する近さである。しかも、列車本数が多く、気軽にそのシーンを楽しめることも嬉しいところだ。

ちなみに、新幹線沿いに位置する駅は3つある。大阪梅田寄りの上牧《かんまき》は島式ホームで、梅田行きの線路を挟むため、少し距離がある。ただし、ホームにはベンチもあり、通過シーンを目で楽しむには手頃な駅だろう。水無瀬の河原町寄りにある大山崎駅は、線形の関係で、河原町方では新幹線と離れてしまう。そのため、ホームの大阪梅田方限定となる。なお、大山崎～水無瀬間は直線区間となっており、見通しは良好だ。遠くに新幹線の前照灯が見えると、あっという間に列車がやってくる。

中国・四国

〔サンライズ出雲・瀬戸〕で音鉄が狙うのは？

日本唯一の定期夜行列車、特急〔サンライズ出雲・瀬戸〕の魅力はとても語り尽くせないが、「音」という角度からも、その個性を探ってみたい。

この列車は走行距離が長く、列車の旅を心ゆくまで楽しめる。音鉄としては、走行距離が長い〔出雲〕を楽しみたい。理由は個室寝台を堪能できるだけでなく、倉敷から先の区間では、定尺レールのジョイント音を延々と楽しめるからである。もちろん、〔瀬戸〕では瀬戸大橋の走行音を誰に気兼ねすることなく楽しめるので、安易な比較は避けておきたい。

おすすめなのは、シングルの平屋個室である。なかでも、列車の最前部が良い。席番は、下りの場合は1号車〔出雲〕と8号車〔瀬戸〕で、東京からは1号車が先頭になる。上りの場合、7号車〔出雲〕、14号車〔瀬戸〕になり、先頭は14号車になる。なお、気を付けたいのは上りの場合、11番個室が運転席の後ろの部屋になる点だ（図3-6）。

■図3-6　サンライズ号車内

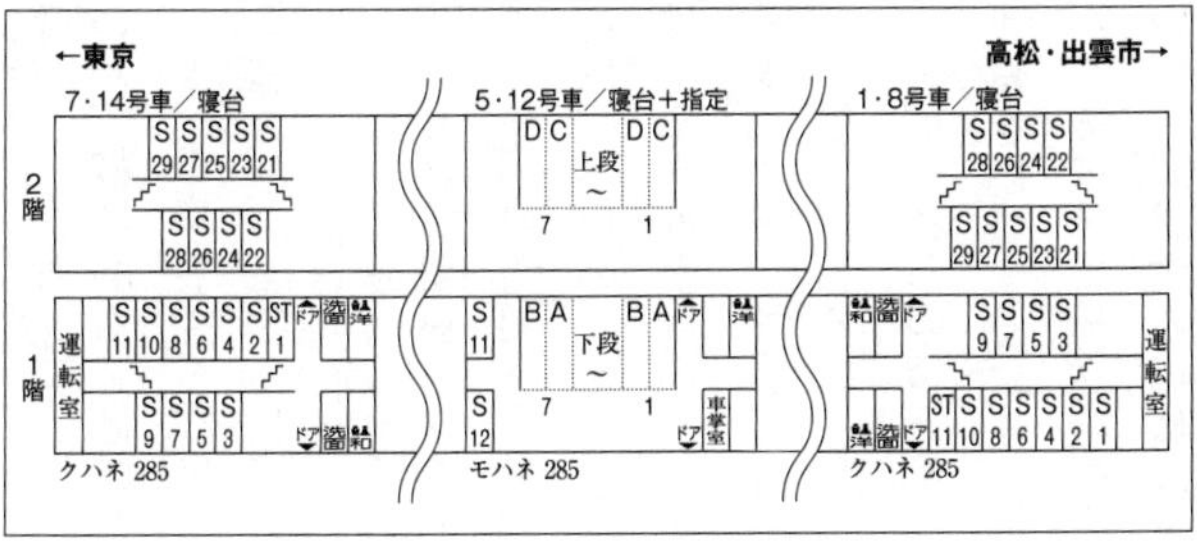

※S：B寝台シングル／ST：B寝台シングルツイン
※A〜D：ノビノビ座席

この空間では台車から響いてくるジョイント音が楽しめる。東海道本線や山陽本線のロングレール区間でもポイント通過時ではそれなりの音になる。また、ここにはデッキがなく、トイレや洗面所もない構造のため、部屋の前の〝出入り〟〝人の動き〟というものがない。

本領発揮となるのは下り列車の岡山出発後だ。駅を出るとすぐに自動放送が入るので、録音を楽しむなら、早めにスタンバイしたほうがいい。倉敷を出て、伯備線に入ると、走行音が賑やかになる。伯備線はロングレール化されていない区間がほとんどなので、リズミカルなジョイント音が延々と続くのだ。また、特急〔やくも〕とは異なり、振子式ではないため、速度も低め。決して遅いというわけではないが、ゆっくりとした走りである。

最大の魅力は運転室のすぐ後ろに部屋があるため、

警笛やベル音が聞こえてくること。多くの乗客はこれを「うるさい」と感じるのかもしれないが、個性的な音源でもある。しかも横になってくつろぎながら、その音を楽しめる。

一方、電車特急ということを考えると、モーター音も楽しみたい。そのためには「モハネ」を選ぶことになる。おすすめは5号車と12号車。当然、ほかの車両よりも音が大きいので、寝ることが目的の列車に向いているとはいえないが、音鉄的には理想的な環境だ。ここには「ノビノビ座席」があり、指定席券の購入で、リーズナブルに夜行列車の旅が楽しめる。

この車両は上段と下段に分かれており、上段だと静かだが、ジョイント音は楽しめない。席番は、下段のAかBを押さえよう。さらにジョイント音やポイント通過音を楽しみたければ、車端部がいい。ドアのすぐ横に位置する「1A」を選ぶか、「7B」を選ぶかはお好み次第である。また、「7B」のさらに車端寄りには、シングルの11番個室と12番個室がある。ただし、トイレと洗面所を利用する人が多く、往来は想像以上に多い。また、デッキのすぐ横にあるので、かなり賑やかなことは知っておこう。

東京を出てすぐに始まる車内放送もしっかりと記録したい。停車駅を丁寧に案内していくが、その分、放送そのものが長くなるが、夜行列車ならではの注意事項なども放送されるので、記録する価値は高い。こういったものを録音するのであれば、雑音が入りやすい

「ノビノビ座席」よりも個室を押さえたいところだ。

小田原通過前後では〝おやすみ放送〟が入る。ここから先は岡山到着前まで放送が入らないので、ジョイント音を長時間録音してみよう。約6時間あるので、バッテリーとメモリー容量に注意して、録音ボタンを押したい。なお、この〝おやすみ放送〟は東京行きの上り列車ではほとんど行われないので、下りの列車乗車時にはぜひ耳を傾けたい。

終着・出雲市は高架駅となっている。この駅の列車接近メロディは『オロチ太鼓踊り』の一部をアレンジしたご当地もの。和音階を基調とする独特な音色で、短いながらも印象に残る。ただし、気動車が停車している間は音がかき消されてしまう。肉声による案内放送も頻繁に行われているので、〔サンライズ出雲〕が回送されていったあとはホームで駅構内の音風景にも耳を傾けてみたい。

音鉄の玉手箱・岡山駅

〔サンライズ出雲・瀬戸〕の分割・併合駅である岡山は、西日本を代表する音鉄の聖地というべき存在。381系〔やくも〕の置換えなど、動きはあるものの、国鉄型車両の宝庫であり、深夜の貨物列車を含めると、一日中、魅力的な列車が行き交っている印象の駅である。構内のサウンドスケープも多彩を極める。四国や山陰への玄関口でもあり、駅から出ていく列車は在来線だけで8方面にもおよぶ。さらに駅前からは岡山電気軌道が発着する。まさに中国地方における旅客輸送の要である。

終日列車が行き交う印象の岡山駅。列車接近メロディのほか、貨物列車の通過音も魅力。

この駅はホームごとにそれぞれ異なる列車接近メロディが流れ、どのメロディも耳に心地よい。1番のりば（山陽本線下り）が『いい日旅立ち』、2番のりばが『汽車』、3・4番のりば（山陽本線上り）が『線路は続くよどこまでも』、5～8番のりば（瀬戸大橋線、宇野線）が『瀬戸の花嫁』、9・10番のりば（津山線、吉備線）が『桃太郎』だ。メロディは接近放送が終わると途切れる仕様だが、放送文面の長い列車を狙えば、その分メロディも長めに流れる。ただし、キハ187系や2700系などの停車時は、気動車の豪快な音が響きわたり、メロディが聞こえにくくなるので注意したい。

多彩な四国の音源

四国はＪＲのほか、高松琴平電気鉄道（琴電）、伊予鉄道（伊予鉄）、とさでん交通など、地域に根差した私鉄が存在感を示している。それぞれ個性があり、音鉄的な楽しさに満ちている。特に松山と高知では路面電車の吊掛サウンドが楽しめる。

四国は〝気動車王国〟と呼ばれていたが、瀬戸大橋の開通と、予讃線の電化で大きな変化を迎えた。高松に代わって岡山が四国の玄関口となり、予讃線は高速化工事が施された。また、土讃線や高徳線では振子式気動車による高速運転が実施されており、最先端の技術を誇っている。

線路の継ぎ目が生み出すジョイント音にも、四国らしさは感じられる。ロングレール区間が多くない四国では、高速運転を行う特急列車が走る際、小刻みなジョイント音を派手に奏でる。土讃線の〔南風〕や予讃線の〔宇和海〕、高徳線の〔うずしお〕などは、屈指の高速度運転を行う気動車特急で、軽快なジョイント音が延々と続く。その豪快な走りは、時に恐怖を感じてしまうほどのものである。

ＪＲ四国は他社に比べ、駅員による案内放送が頻繁に行われる印象だ。これは〝四国名物〟ともいうべきもので、列車の到着や乗換え、号車などを丁寧に伝えてくれる。自動放送化が急速に進む昨今、こういった肉声によるアナウンスは貴重になりつつある。

これらの肉声放送なども含め、四国では駅構内のサウンドスケープを記録してみたい。例えば、多度津は予讃線と土讃線の分岐駅で、ＪＲ四国にとっては重要な拠点。しかし、乗降客は多いわけではなく、敷地外からの雑音も入りにくい。夏から秋にかけては、虫の鳴き声を盛り込みながらの録音が可能だ。時代を感じさせる長いホームの先端部は静寂に包まれているので、到着シーンや出発シーンにも注目したい。

高速運転によって発生する小刻みなジョイント音を楽しんでみよう。

また、徳島は高徳線と徳島線、そして牟岐線と鳴門線の列車が集まる拠点駅。やってくる列車のすべてが気動車だ。車両基地が隣接する関係で、出入庫が繰り返される。ホームでは肉声による案内もたっぷり楽しめる。構内に響き渡る気動車のエンジン音とともに、温かみのある肉声放送に耳を傾けてみよう。

高架化された高知駅では、列車接近メロディにテレビアニメの主題歌『アンパンマンのマーチ』が採用されている。やなせたかし氏は高知県出身で、その代表作である『アンパンマン』は、もはやＪＲ四国と切っても切れないほどの結びつきとなっている。高い人気を誇る〝アンパンマン列車〟の車内放送では、『アンパンマン』の声による放送も入る。

九州

博多から始まる九州の旅

九州最大の都市、福岡市。博多駅はその玄関口として機能し、終日、多くの人で賑わっている。国内指折りの列車発着本数を誇り、名実ともに、一大ターミナルである。２０１１（平成23）年３月12日の九州新幹線全線開業までは、特急列車の発着本数が日本一だった。現在は大きく様変わりしているが、それでも数々の列車が行き交い、車種も豊富だ。

２０１２年３月17日のダイヤ改正時からは向谷実氏によるメロディが導入され、発車メロディと接近メロディ、そして、ＪＲ九州名物ともいうべき従来の注意喚起の電子ベルが鳴り響く。そこにJR九州特有のやや甲高い女性の自動アナウンスが響き、肉声による案内放送も頻繁に入る。

博多駅が活気づくのは在来線の場合、通勤・通学の需要の関係もあって朝と夕方になるが、各地に向かう特急列車は、それこそ終日発着しており、偏りがない。ただし、新幹線の発着本数は、新大阪方面であれば早朝の6時台にピークがあり、18時台に再び最多となる。鹿児島中央方面は、新大阪方面からやってくる列車に博多始発が加わるかたちで、午前10時台が最も発着本数が多い。そして、21時台には新大阪方面への列車が増える。これもまた、地域の特性が感じられるダイヤである。

「D&S列車」では車内の音にも注目

九州では都市間輸送を担う特急列車が頻繁に運行されているほか、観光列車の類も多い。JR九州ではこれを「D&S列車」(DESIGN&STORY列車)と名付けている。いずれも地域に根ざした存在を目指し、そこから楽しい旅を演出するというコンセプトとなっている。こういった列車では観光案内が頻繁に実施され、列車によっては多言語対応となっている。また、アテンダントが乗車し、案内役を担うケースも多く、こういったものを録音対象にしてみると、九州らしさが表現できる。

現在、九州には10の「D&S列車」があり、個性を競っている。なかには〔海幸山幸〕のように公式テーマ曲が用意されたり、ミュージックホーンが搭載されたりするものがあるほか、〔A列車で行こう〕のように、車内BGMとしてジャズを流したりする列車もあったりして、音源には事欠かない。

九州の駅の音

九州でも駅メロディは導入されている。小倉は発着する列車の数が多く、貨物列車の通過音も耳にできる拠点駅。２０１５（平成27）年5月に向谷実氏によるメロディ『Ｊｕｎｃｔｉｏｎ』が導入され、列車入線時と発車時にそれぞれ流れる。向谷氏によれば、メロディはターミナル駅らしいダイナミックな雰囲気に多種多様な音の要素を散りばめたものだという。「駅の雰囲気が変わった」という評価もあるほどの秀作だ。

また、大分のメロディは駅高架化にあわせ、「空を見上げ、羽ばたくようなイメージ」の旋律になっているなど、駅ごとにそれぞれコンセプトがある。列車入線のお知らせとして約5秒、そして、発車の際に約10秒のメロディが流れる。

吊掛サウンドが楽しめる筑豊電気鉄道

筑豊電気鉄道でも吊掛サウンドが楽しめる。スタイルは路面電車だが、併用軌道はなく、全線が専用軌道のため、その走りは郊外電車の雰囲気である。線路状態も良好で、かなりスピードを出す。その唸りをじっくりと楽しみたい。

起点となる黒崎駅前はＪＲ黒崎駅に隣接し、バス乗り場の隣にある。路線はアップダウンが多く、また、カーブも多い。永犬丸《えいのまる》駅辺りからは勾配区間が増え始め、通谷《とおりたに》駅の先では35‰の勾配を上る。ぜひ、吊掛車である３０００形に乗車して、音を楽しみたい。

電車は小刻みなジョイント音を奏でながら進んでいく。筑豊中間駅までは住宅地が続くが、筑豊香月《ちくほうかつき》駅からは平坦区間となり、田園地帯を走る。この辺りは直線が多く、時速60キロを出す。吊掛サウンドを楽しむなら、おすすめの区間だ。また、終点の筑豊直方《のおがた》駅は高架駅となっており、しかも、入線直前まで遠賀《おんが》川橋梁を走ってくるので、その響き具合は賑やかだ。構内ポイントもあるので、コンパクトで退屈しない音の尺となる。入線から発車シーンまでをじっくりと楽しんでみたい。

なお、筑豊電気鉄道は運転士が喚呼をしっかり行うことが多い。朝夕のラッシュ時限定で車掌も乗車しており、両替や案内など、きめ細かいサービスを行う。

沖縄方言「しまくとぅば」が聞けるゆいレール

日本最南端、そして最西端の鉄道である沖縄都市モノレール（通称「ゆいレール」）は、開業20周年を迎えた。秀逸な車内メロディで知られ、どの曲も美しい旋律で、心が和むものばかり。沖縄の伝統歌曲をベースに、駅ごとに異なったメロディが用意されている。ぜひとも録音したくなるが、乗車率は高く、車内での録音はなかなか難しい。

また、ゆいレールでは沖縄方言の「しまくとぅば」（島言葉・ウチナーグチ）による構内放送も流れている。これは以前から一部の駅で方言放送の名で実施されていたが、２０２３年9月からは全駅で実施されている。通常のもののほかに、慰霊の日や旧盆、正月には独自のものが用意される。ぜひ耳を傾けてみたい。

■ 表3-4　ゆいレールの車内メロディ

駅	方言放送	使用曲	備考
那覇空港	なふぁくーこー	谷茶前《たんちゃめー》	日本最西端の駅
赤嶺	あかんみ	花の風車《はなぬかじまやー》	日本最南端の駅
小禄	うるく	小禄豊見城《おろくとみぐすく》	
奥武山公園	おーぬやま こうえん	じんじん	
壺川	ちぶがー	唐船ドーイ《とうしんどーい》	
旭橋		海ぬちんぼーらー	
県庁前		てぃんさぐぬ花	
美栄橋	みーばし	ちんぬくじゅうしい	
牧志	まちし	いちゅび小節《いちゅびぐゎーぶし》	
安里	あさとぅ	安里屋ユンタ	八重山民謡
おもろまち		だんじゅかりゆし	
古島		月ぬ美しゃ《つきぬかいしゃ》	
市立病院前		クイチャー	宮古民謡
儀保	じーぶ	芭蕉布《ばしょうふ》	
首里	すい	赤田首里殿内《あかたすんどぅんち》	
石嶺		ちょんちょん キジムナー	
経塚		はべら節	
浦添前田		めでたい節	
てだこ浦西		ヒヤミカチ節	

※いずれも各駅到着前に流れる
※始発駅では、表中の曲がそれぞれ発車メロディとして流れる

第4章

音鉄趣味を200%楽しむために

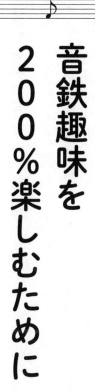

鉄道にまつわる「音」。鉄道雑誌や書籍が数多く発行され、インターネットや動画投稿サイトでも様々な情報が手に入る昨今だが、列車撮影に関する情報に比べると、音鉄の素材やテクニックはまだまだ十分に情報が出回っているとはいえない。

本章では楽しみ方の提案とアドバイスをまとめてみた。音鉄散策の参考にしてほしい。

〝音的遭遇〟を楽しもう

多くの場合、「鉄道の音を楽しむ」と聞くと、そこにどんなものがあるのかを知ったうえで訪問するという印象が強いはず。確かに、駅メロディ探訪であれば、どこの駅にどんなメロディが流れているのか、事前に知ったうえで現地を訪れることが多い。

しかし、意外に思えるほど、音鉄趣味には偶発的要素が多く、対象となる音源にいろいろなものが付随してくる。例えば、駅で列車接近メロディを録音しようとしていたら、入線の途中でミュージックホーンを鳴らしてくれたとか、通り過ぎていった列車がしばらくしてから突如警笛を鳴らしたとか、居合わせた地元の人々の会話にお国訛りがたっぷりと混じっていたとか、美しい鳥のさえずりが聞こえてきたとか、その時、その場所でしか起こらない〝偶然〟が音源に彩りを添えてくれる。まさに〝一期一会〟の世界である。どんな出会い、どんな偶然が待っているのか、それも楽しみのひとつとして考えたい。

まずは下調べ　そして行程を組む

インターネットの普及によって、様々な情報を得られるようになっている昨今、下調べはできるだけ念入りにやっておきたい。特に狙っている列車があれば、運用やロケーションは事前にチェックしておいたほうがよい。限られた時間でより充実した音鉄旅行を楽しむためにも、鉄道情報誌や時刻表、ウェブサイトなどで情報は収集しておこう。

可能であれば、列車の入線時刻もチェックしておきたいところである。これは列車接近メロディの録音などには不可欠である。また、終点到着後の回送についても、分かっていればそれも録音対象になるだろう。さらに、勾配区間の有無やトンネル・鉄橋の位置なども、事前にチェックができれば万全だ。

ロケハンのすすめ

一方で、どんなにたくさんの情報を集めても、たった一度のロケハンにかなうことはない。現地に先入りし、自分自身でベストな録音場所を選びたいところである。

まずはお目当ての列車や車両がある場合、少しでも早く現場を訪れて、録音環境をチェックしておこう。特に通過音を線路端で収録する際には、時間に余裕をもって到着しておけば、雑音の有無や自動車の通行頻度、民家の存在なども確認できる。そして、踏切や構内放送の音量がどの程度なのかも、チェックできる。

また、吊掛モーターの唸り具合や気動車の駆動音、電気機関車のブロワー音などは、録音対象からどのくらい離れるのがベストなのか、これを把握しておきたい。さらに、警笛を鳴らすタイミングというのもどの辺りなのか、情報を集めておきたいところである。

最大の難関は蒸気機関車である。汽笛は近くで鳴らされてしまうと音割れに繋がってしまうので、ドラフト音はどの辺りで録るべきなのかを考える必要がある。なお、線路端での録音は写真撮影を楽しんでいる人と場所が重なることが多々ある。その場合、シャッター音や操作音が入ってしまうことが多いので、少し離れた場所に陣取るようにしよう。

雑音の入り具合や風向き、踏切の距離感などは事前にチェックしよう。蒸気機関車の場合、汽笛を鳴らす場所も把握しておきたい。

間違いのない場所選び
駅のサウンドスケープの場合

鉄道音を楽しむだけなら、どこにいてもそれなりに音は聞こえるように思える。しかし、録音場所をどこにするかを考えた場合、やはり、場所選びは重要なテーマとなる。駅構内のサウンドスケープはホームの先端部などでマイクを構えるのがベストだが、駅メロディの録音はスピーカーの位置や向きで変わってくる。ちなみに、駅のサウンドスケープを記録する際は、駅を出て、少し離れたほうがいい場所に出会えることもある。

どのような駅ならいい録音ができるのかを考えてみると、雑音のない駅というのは意外

■ 表4-1　ターミナルの隣にある「静かな駅」　5選

駅名	路線名	所在地	備考
南新宿	小田急電鉄	渋谷区	直線区間にあり、撮影地としても知られる
栄生《さこう》	名古屋鉄道	名古屋市	終日列車本数が多く、目の前をＪＲ線も走る
米野	近畿日本鉄道	名古屋市	構内踏切あり ＪＲ東海の車両基地が隣接
中津	阪急電鉄	大阪市	3路線の列車が行き交う ホームが狭い
今宮戎《いまみやえびす》	南海電気鉄道	大阪市	高野線の各停のみ停車する

にも多くはない。例えば、北海道などは雄大な自然の中を鉄道が貫いており、民家も少ない。さぞかし理想的な録音環境が広がっているだろうと思いきや、道路が線路の近くを通っていることが思いのほか多い。

一方で、都会の真ん中であっても、驚くほど静かな駅というのも存在する。筆者がおすすめするのは、私鉄のターミナル駅の隣に位置する小さな駅。こういった駅は、ターミナル駅まで歩いてしまう人が多いようで、利用客は少なく、優等列車は基本的にすべて通過する。しかし、終日ひっきりなしに列車が行き交うので、ホームでその様子を眺めているのは楽しい（**表4-1**）。

念のために……　音鉄的「持ち物チェック」

出発前には持ち物チェックをしよう。まずは録音機材から。筆者はアクシデントに備え、サブの機材も常時持ち歩いている。故障や不具合、紛失という事態に備えてもいるが、電源切れなどの悲劇の際は、サブの機材があると心強い。

マイクに関してはＰＣＭレコーダーの内蔵マイクの音質向上が進み、極端な話、外付けマイクは必要ないともいえる。もちろん、指向性や音質にこだわるのであれば、外付けマイクを用意したほうがいい。

次に電源の確保。最近のレコーダーは充電式、乾電池式の双方がある。いずれも〝持ち〟はよくなっているが、当然ながら充電式の場合は充電を万全にして、乾電池式の場合は予備を用意したい。乾電池は駅やコンビニで難なく購入できるが、列車内や線路端で録音をしているときに電源切れという事態に見舞われることもある。悔しい思いをしないためにも念には念を入れよう。

記録メディアのチェックも不可欠。遠出の際はもちろんのこと、日帰りでも予備はあったほうがいい。たとえば長時間録音を目論んでいるときなど、途中でメモリーフルになってしまうという悲劇もある。昨今は記録メディアも安くなっているので、予備も持っておくといい。

現地ではマメに動くことが大切

時刻表は全駅掲載のものを用意したい。突発的な予定変更などの際には必需品である。単線区間での行違いなどを調べる際も、やはり時刻表があると便利だ。あって困ることはない重要アイテムと言えるだろう。時刻表アプリなどを使うと到着時刻が分かる場合もあるので、あわせて活用したい。

時刻表アプリについては、『JR時刻表Lite』に加え、『鉄道ダイヤ情報』のアプリ版『DJ鉄道楽ナビ』を同時に利用し、駅を検索すると、上下双方の列車がまとまって掲載される機能がある。また、「グーグルマップ」では支線や私鉄の路線などもあわせて表示ができるので、行き先に関わらず、次に到着する列車と、発車する列車のチェックが可能だ。

お目当ての列車時刻のチェックはもちろん、停車時間や交換列車の確認も出発前に済ませておきたい。狙っている列車の運用が限られていたり、本数そのものが少なかったりす

冬季の録音は風対策が必須となる。風向きを考慮するだけでなく、羽毛を用いた風防（ウインドジャマー）を用いて対処したい。石北本線緋牛内駅。

る場合は、特に念を入れる心構えでいたい。

単線区間での行違いや長時間停車は時刻表で調べられる。特に長時間停車は、事前に分かっていれば対向列車の入線シーンなども万全の態勢で迎えられる。準備をしっかりしておくことのメリットは大きい。

風を制する者は録音を制す

音を記録する際に最も恐れなければならないものが「風」であり、録音成果はこれによって大きく変わる。そよ風のようなものであっても、マイクはしっかりとその音を拾ってしまう。また、自然の風だけでなく、列車の入線や通過に伴うわずかな瞬間にも風は発生する。録音機材にはローカットフィルターというものが備わっているが、気休め程度と考えよう。

「風防（ウインドジャマー）」と呼ばれるものも市販されており、スポンジを用いた廉価なものや、５０００円程度の羽毛を用いたものがある。マイク部分に布や家庭用スポンジを当てるとか、スポンジの中身をくり抜いて機材やマイクに被せたり、ストッキングを機材にかぶせたりしてみるのも手。見た目はかなり怪しくなるが、ある程度の効果は期待できる。

雑音の存在を知ると録音は変わってくる

風のほかにも、雑音というものは数多く存在している。自動車が通り過ぎる音や、カラスが鳴く声、犬の吠える声など、防ぎようのないものもある。車内音についても同様で、無人状態以外は何かしらの音が入ってくると覚悟しよう。駅の放送を録音していても、ちょうどメロディの真ん中あたりで居合わせた人が咳をしたりする。どんなにいい環境で録音を楽しもうとしても、突発的に起こる雑音によって、結果は無惨なものとなる。現状、こういったものは防ぎようがないので、悔し涙を呑むしかない。

●録音時の主な雑音・ノイズリスト

- 風　たとえ微風であっても機材は必ずその音を拾ってしまう。
- 携帯電話　話し声はもちろん、呼び出し音も。自身の携帯電話にも要注意。
- 鼻水と咳　冬場によくある難敵。花粉症の時期にも激増する。くしゃみも。
- 衣服　擦れる音に注意。ウインドブレーカーは特に要注意。
- 話し声　録音がプライバシー侵害にも繋がることも。盗聴を疑われることもある。
- カラス　鳴き声は意外なほどの大音量。しかも、なかなか動かない。
- 犬　時折、なぜか延々と吠え続ける犬がいる。
- 足音　発信源が自分の足元にあったりする。革靴やハイヒールはよく響く。
- 自動販売機　静かな環境を破りがちなジュースの販売機。
- 緊急車両　消防車や救急車など、こればかりはどうしようもない。
- 選挙演説　大音量で悩ましい存在。録音中に手を振られることも。
- スーツケース　点字ブロックの上を通る際に、特に音が大きくなる。
- ビニール袋　ガサガサ音はしっかりと拾ってしまうことが多い。

音源を編集する際にある程度は処理が可能だが、できるなら、雑音が入ること自体を避けたいところである。前ページに、周囲にどんな雑音が存在しているのか、ランダムに挙げてみた。いずれも手ごわいノイズたちである。事前に知っておくといいかもしれない。ただ、考え方を変えてみると、こういった雑音もまた、その場所、その瞬間の「リアル」であり、臨場感ともいえる。〝日常の音〟が録れたのだと、割り切るのが賢明だろう。時間が過ぎると、当時を思い出すきっかけになったりもする。あとは雑音のない最良の録音スポットを探すべく、動き回るしかない。自分だけの録音場所を探せたときの喜びは大きい。

季節にこだわってみよう

季節によっても、音源には変化が生じる。まず何といっても顕著なのが夏である。筆者はセミが好きで、夏場はセミの鳴き声と鉄道を絡めた音を探して各地を旅している。種類によっても、地域によっても、その声色は異なっている。よく知られているのは、西日本ではクマゼミやアブラゼミが多く、関東地方はミンミンゼミが多い。こういった季節感や地域差をサウンドスケープのなかでも感じたい。

　また、6月頃ならカエルの大合唱も楽しめる。田園地帯であればなおさらで、例えば関東鉄道常総線の宗道《そうどう》駅付近や、小湊鉄道の川間駅や飯給《いたぶ》駅などは、気動車の音にカエルの合唱を組み合わせることができる。特に小湊鉄道の場合、キハ200形のDMH－17系エンジン音とカエルの鳴き声を絡められる。停車中のアイドリング音もしっかり記録したい。

　晩夏から秋にかけての時期は、スズムシやコオロギといった虫たちが美しい鳴き声を奏でてくれる。これは線路端だけでなく、駅構内でも耳にできるので、夕方以降はホームでその音色を楽しみたい。筆者はこういった虫と貨物列車の絡みが好きで、九州の小倉駅での録音を思い出す。虫たちが鳴いているところに機関車の音が響き、貨物列車が通り過ぎていく。そして、ジョイント音が徐々に小さくなっていき、虫たちの声が再び存在感を示し始める。秋口ならではの音源である。

　冬にも冬らしい音の風景がある。雪国においての録音は当然、寒さとの戦いのなかにある。雪は音を吸収するため、北海道の車両には甲高い警笛が装備されている。これだと遠くからでも警笛を聴くことが可能である。また、打鐘式の旧式踏切が残っている津軽鉄道や弘南鉄道、北陸鉄道、えちぜん鉄道などでは、雪によって静寂の世界となった土地に寂しげな警報音が鳴り響く様子を耳にできる。

なお、冬はレールの継ぎ目が開いているため、ジョイント音の録音にも向いている季節でもある。

時間帯にこだわってみよう

時間帯についても敏感になりたい。まず思いつくのは早朝や夜間など、乗客の少ない時間帯だ。これは録音環境の善し悪しという意味だけでなく、無用な誤解を避ける意味もある。特に車内音の録音は、見る人が見ればかなり怪しい行動と思われてしまう。繰返しになるが、誤解やトラブルはなんとしても避けたいところである。これは駅の放送を録音する際にも当てはまる。

そう考えると、避けたくなるのは朝夕のラッシュアワーだ。しかし、これは人の流れをつかむことでクリアできる。たとえば、逆方向へ向かう列車や、大きな駅で乗客が降りたあとの列車などである。本数が多い時間帯でもあるので、その分、効率はいい。

夕方については16時頃から帰宅の学生が増え始め、19時頃までがいわゆるラッシュアワーとなる。その後、都心部では22時過ぎまで録音に不向きな時間帯となるが、地方都市なら

21時を回った頃から乗客が大幅に減る。ただし、地方私鉄や路面電車の場合、列車本数も一気に減ってしまうので注意が必要だ。

結局のところ、乗客が少ない早朝と夜間、もしくは夕方までの日中がベストな時間帯といえるだろう。しかし、初電や終電は必ずしも空いているとは限らないので、その前後を狙う必要がある。

老婆心ながら、夜間の収録で気を付けたいのは、戻る列車がなくなってしまうことだ。特に地方私鉄の場合、終電に近い時間帯はしっかりと時刻を確認しておきたい。これは終点の駅でそのまま滞泊したり、回送となったりする列車があるためで、出先でホテルなどに戻れなくなったら一大事である。

平日か週末かで状況は変わる

曜日というのも重要だ。列車の混雑具合には変化があり、一般的に、土曜・休日についてはレジャー客が多く、車内音の録音には向かないことが多い。学校が休みということで、学生が多く出歩いているほか、家族連れも多いため、おのずと車内は賑やかになって、駅も雑踏感が増す。最近は中高年世代がグループでハイキングやミニトリップを楽しむことが増えており、地方路線でも意外な混雑ぶりに悩まされたりする。なお、曜日は関係ないが、『青春18きっぷ』のシーズンにも注意が必要だ。

もちろん、週末や祝日のほうが閑散としている列車や路線もある。通勤輸送の色合いの強い路線などは狙い目になるし、通学利用の高校生がいないというだけで、驚くほど閑散としてしまう路線もある。また、通学輸送がメインとなっているところの場合、試験休みや受験シーズンなどを狙うと、車内はガラガラのことが多い。

音鉄ノートのすすめ

魅力的な鉄道音の世界だが、録音した音源が何であるかが分からなくなってしまったら、意味がない。録音の前後に自分の声を入れておき、編集時にその部分をカットするということもできるが、それでも混乱してしまうことはある。特に線路端の録音や自然環境と絡め合わせたフィールドレコーディングについては、場所や対象の特定ができず、録音地点が分からなくなってしまうことが少なくない。

そこで、筆者は小さなノートを用意し、常に持参している。これを「音鉄ノート」と名付け、録音地点（駅や区間）や時刻、列車名（列車番号）、車両番号などを記録している。近年は機材の進化もあり、録音をした時間についてはデータに記録されているので心配は無用。しかし、思い出として振り返る際の手だてにはなるので、録音時の天候状態や風景などをメモ書きしておくのがおすすめだ。

ファン同士の挨拶をどうするか

列車撮影を愛するファンや「鉄道に乗ること自体が好き」というライトな愛好家に比べると、音鉄人口はまだまだ少ない。すそ野は確実に広がっており、盛り上がりつつあるジャンルではあるが、少数派であることは事実だと言わざるを得ない。

そういった状況であるがゆえ、鉄道の音に関心を持ち、その魅力に惹かれた者同士、仲良くしたいものである。友情を温めることはもちろん、情報交換ができるパートナーとしても、知り合いは多ければ多いほどいいだろう。

しかし、そこで大難問が生じる。考えてみれば当然のことだが、録音をしながら会話をすることはできない。そのため、もし録音中にマイクを構えた〝同業者〟に出会ってしまったら、軽く会釈だけしておき、お互いの録音の領域を侵さず、終わった頃を見計らって声を掛けるようにしよう。

音は〝普段着〟のうちに録る

鉄道は時代とともに変化している。運用の効率化、収益率の向上をはじめとした合理化など、様々な要素が絡み合い、鉄道経営は成り立っている。特にコロナ禍が鉄道会社に与えた影響は深刻で、この間に廃止され、消え去ったものは枚挙にいとまがない。

ここ最近でいえば、あれだけ当たり前だった東海道・山陽新幹線の車内メロディ『Ambitious Japan !』が一気に更新されたり、どこでも見られたキハ40系気動車が数を減らし、慌てて追いかけることになったりしている。「いつかは来る引退の日」と覚悟をしていても、実際に姿を消していく瞬間を迎えると、ファンならずともつらいものがある。

ただ、これればかりはどう祈っても叶わないものなので、撮れるものは撮り、録れるものは録る。愛好家にできるのはこれに尽きる。しかも、引退が発表されてしまうと、大フィーバー

国鉄型車両や吊掛駆動車などは引退が迫っている。ブームが来る前にせっせと録音に勤しみたい。しなの鉄道115系。

状態になるのは世の常である。特に録音の場合、大騒ぎ状態になってしまうと難しくなるので、早めに訪れたいところだ。何事も、〝普段着〟のままの姿が最も魅力的である。常日頃から気になる対象は記録しておきたい。ビジュアルのみならず、音の世界にも生々しさと瑞々しさは存在している。そういった鮮度が感じられるうちに、しっかりと録っておこう。

古い電車の個体差を楽しむ

昨今の新しい車両ではあまり見られないが、鉄道車両にも個体差が存在する。とりわけ顕著なのが路面電車で、特に吊掛車両をはじめとする車齢の高い車両については、同じ形式であっても、微妙に音が違ったりする。これも興味深いところなので、162ページで記した「音鉄ノート」に車両番号を書き記しておくと、比較ができて楽しい。また、同じ車両でも、全般検査など大掛かりな検査や修繕の前後で音が違ったりするので、乗り比べ、聴き比べを楽しんでみたいところである。

譲渡と移籍も楽しさが増すきっかけ

路線の廃止や新型車両の導入などにより、古い車両が譲渡・売却され、転籍することがある。2005（平成17）年に小田急ロマンスカーの名車〝HiSE〟（10000形）の一部編成が長野電鉄に譲渡された。これは舞台が変わったことで、異なった趣が誕生した例だといえる。ロングレールの多い小田急電鉄に対し、長野電鉄では定尺レールのジョイント音を奏で、勾配区間も走るため、〝HiSE〟自慢の連接台車が全く異なる走りを見せているのである。その比較を音で楽しんでみてはいかがだろうか。

また、名古屋鉄道岐阜市内線も、同じ2005年3月に廃止されたが、モ590形電車は土佐電気鉄道（現：とさでん交通）に転籍し、今も変わらぬ吊掛駆動の音を奏でている。一方、モ770形は福井鉄道に転籍した。現在は田園風景のなかで、岐阜時代にはなかった軽快な走りを見せている。路線の廃止は筆者を含め、多くの人を悲しませるが、こういった〝転生〟や〝生き残り〟があるかぎり、音鉄趣味は続いていくのである。

終わることのない音鉄趣味

鉄道を絡めたサウンドスケープには無数の切り口があり、時間や季節による変化もあって、まさしく終わりがない。機会を重ねれば、必ず新しい発見があるといってもいいだろう。様々な失敗を繰り返しつつ、自分なりの〝音世界〟を楽しみたい。音鉄趣味はこだわってしまうとキリがないし、他の鉄道趣味に比べてストレスがたまるという見方も間違いではあるまい。しかし、初めてのチャレンジで納得のいく録音ができなくても、次はより理想に近い音が録れるかもしれない。音が持つ表情は常に変化を見せている。音鉄趣味に終わりはないのである。

第5章

音鉄体験のススメ

～「音」で記録する鉄道の情景

特別対談

写真家　米屋《よねや》こうじさん

１９６８年、山形県天童市生まれ。生活感のある鉄道風景を求めて、日本と世界を旅しながら撮影を続ける。アジア鉄道旅で出会った人々との触れ合いを綴った、『ひとたび　てつたび』、写真集『I LOVE TRAIN-アジア・レイル・ライフ』（ころから）。鉄道に勤めた母方の家族の職務を聞書した新書『鉄道一族三代記』（交通新聞社）など著書多数。日本写真家協会（ＪＰＳ）会員。

鉄道音の世界、その出会いから

――片倉：最初に、米屋さんが「鉄道の音」を意識したのはいつ頃になりますか？

米屋：僕は山形県出身で、奥羽本線の沿線で育ったのですが、１９８０年代はまだ旧型客車が走っていました。客車ですから、レールの継ぎ目がダイレクトに耳に入ってくる。

あの音が子どもながら、深く印象に刻まれました。

――停車と同時に客車内がシーンと静まり返る。あの空気感は独特でしたよね。

今の列車に比べると、いくぶん賑やかだったとは思いますが、客車列車は一旦駅に停まると、全く音がしなくなります。磐越西線などは、後年は旧型客車が置き換えられていて、50系客車、いわゆるレッドトレインに変わっていましたが、あちらも駅に停まっているときは本当に音がしない。まさに静寂の世界でした。

――最初に音を録ろうとしたのはいつ頃ですか?

1982（昭和57）年でした。この年に東北新幹線の大宮～盛岡間が開通し、東北本線を走る特急が軒並み廃止に追いやられたのです。

――特急〔ひばり〕や〔やまびこ〕、〔はつかり〕などが整理されましたね。

そういった列車を記録したくて、録音を始めました。ただ、当時は機材がない。僕の場合は中学校に進み、ラジカセを買ってもらったのが契機になりました。

――まだ巨大だった頃のラジカセですね。

親としては「英語でも勉強しなさい」という気持ちで買ってくれたんだと思います。でも、勉強にはほとんど使わなかった（笑）。とても大きな機材で、単一電池を6本くらい入れて使うものでした。

――あの頃はコンビニエンスストアも多くなかったので、外でラジカセを使うときは大量の予備電池を持ち歩く必要がありましたよね。

その後、録音機能付きの携帯型カセットプレイヤーが登場しました。この頃は東北本線などに出向いて、録音を楽しむようになっていました。確か、松島辺りに録音に行ったのですが、そのときは友達が持っていた機材を借りて、それで録音しました。

――懐かしいですね、昭和のカセットテープ時代！

そのとき、友人から借りた機材を輪ゴムで三脚の雲台に固定したのですが、風を浴びて落としてしまい……。それで高価な機材が少しへこんでしまいました。友達には平謝りでなんとか許してもらいました（笑）。

――初めて自分で機材を買ったのはいつ頃になりますか？

大学に入る少し前に僕も録音機材を購入しました。よりきれいな音で録音したいとは思うのですが、値が張る機材には手が出せず……。カメラやレンズにもお金がかかるので、やりくりがたいへんでした。

――この頃はどんなところに行っていたんですか。

高校卒業後の春休みでしたが、四国に行ったことをよく覚えています。キハ１８１系のターボエンジン、特急〔南風〕狙いで、窪川の先にあるループ線に行き、録音と撮影の両方を楽しみました。大学に入ってからは、上野駅とかでも夜行列車の出発シーンやアナウンスなどを録音していました。

――振り返ると、もう40年も昔ですね。

当時の音源を聞いていると、懐かしくはあるのですが、どういうわけか、古さは感じない。むしろ、鮮明にいろいろな記憶がよみがえってきます。この音を録ったとき、どういう気持ちだったとか、こんな人とすれ違ったな、とか。いろいろなことを思い出します。もちろん、天気だったり、風景だったりもします。言わば、眠っていた記憶が音によって呼び起こされる。そんなパートナーだったりもしますよね。写真にもそういった側面はありますが。

――記憶に結びついていると考えれば、〝自分で録る〟という意味も見えてきます。

たとえば、奥羽本線の板谷峠で録音した音源などを聴いていると、当時の情景、夏の終わりの頃で、トンボがたくさん飛んでいたとか、少し夕暮れがかった時間で、ヒグラシが鳴いていたとか、いろいろなことを思い出します。まさに峠の空気というものがよみがえってくる。そして、ちょっぴり寂しげな機関車の汽笛……。

1981年、夕暮れ迫る夏の板谷峠を上る福島行き客車普通列車。山あいに響く客車のジョイント音や、電機の汽笛の音をラジカセで録音した。
撮影：米屋こうじ（本章すべて）

写真と音の不思議な並列関係

――鉄道を中心にした〝音風景〟、この本では「サウンドスケープ」と呼んでいるのですが、その土地、その場所の空気のなかで鉄道の存在が際立ってきます。

写真や映像と音というのは、並列するものだと思うんです。そして、時には補完しあい、時には自己主張をして対立したりする。ただ、対立とは言ってもいがみあっているのではなく、個性がしっかりと際立っているという意味です。

――存在は別物なのですが、奥深いところではしっかりと繋がっているという感じでしょうか。

はい。音には音の楽しみがあって、写真には写真の楽しみがある。それを足してみると、音でも写真でもない新しい世界が広がっている。そんな感じともいえそうです。

――違うからこそ相乗効果が生まれる可能性がある。それぞれの特質を生かしつつも、一緒になると、新しい面白さや魅力が誕生する。言ってみれば、弁証法的進化、ということですよね（笑）。

それと、動画についていえば、その場の様子やイメージはリアルに掴めますが、それ以上の広がりを盛り込むことは非常に難儀です。そこに存在しているものをストレートに映しているということですから、情報量は当然多いのですが、それ以上のものにするのは難しい。だけど、写真や音はどちらも不完全なのですが、それがゆえに広げていく表現の隙間もたっぷりある。

——音は特にその傾向が強くて、聞き手の想像力次第で広がりが無限に広がるような気がします。

動画は一つの世界をそこに提示していく表現手段ですが、音や写真はそれぞれが世界を切り取っていて、独自の表現を形成しています。写真は何を切り取るか、音なら何を対象にマイクを向けるかで、印象が全く異なる世界です。そのふたつが合わさったとき、音でも写真でもない新しい世界に昇華するというイメージです。

——音だけでも作品になるし、写真だけでも当然作品なのですが、それが一緒になったとき、対象は同じであっても、違う世界が生まれているという感じですね。

「写音集」を語る

——米屋さんは、同じく写真家の斉木実さんと「写音集」という刊行物を出していますよね。全4作のCD付き写真集ということで話題になりました。あれは何年前になりますか。

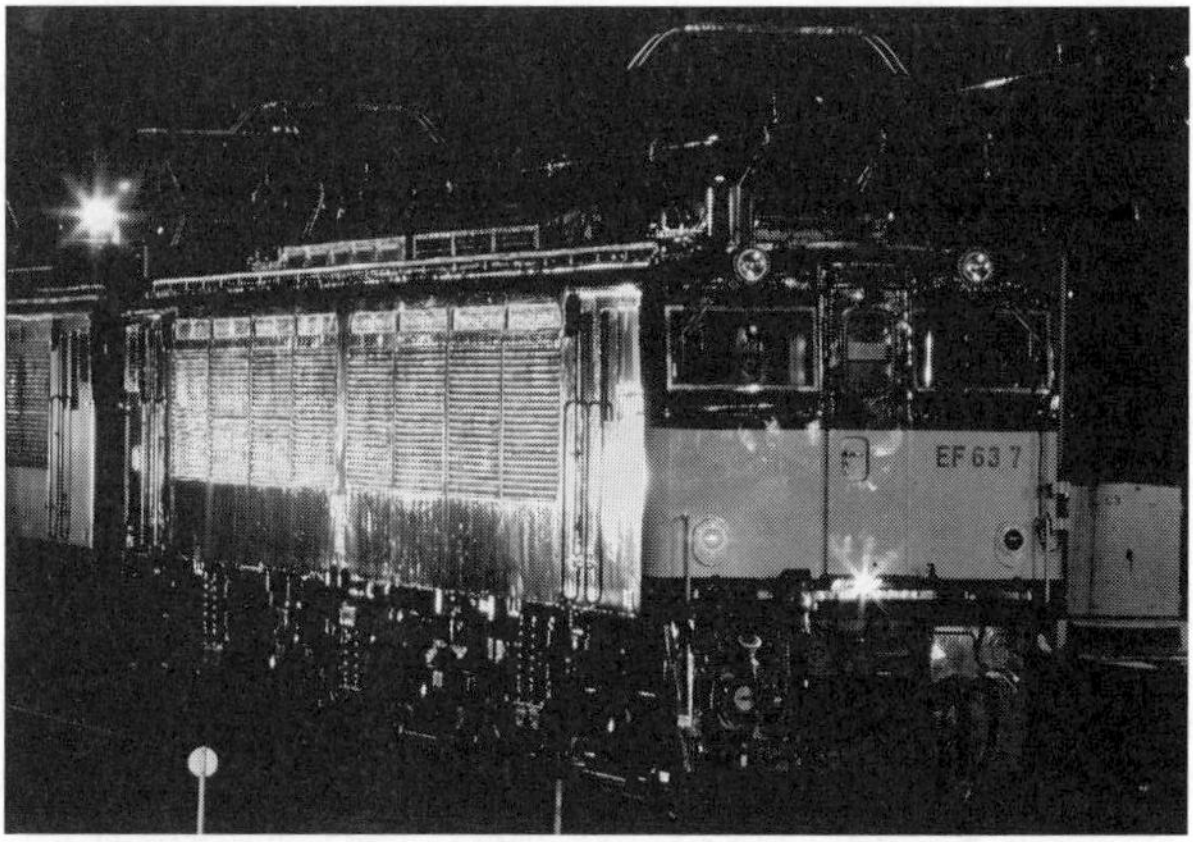

碓氷峠越えで活躍したＥＦ63形電気機関車。写音集の第一作『碓氷峠・ロクサン惜別の旋律』では、昼間は撮影、夜間は録音をして取材を進めた。

１９９７（平成９）年でしたね。碓氷峠の鉄道をテーマに音を集めました。そして、翌年に『山陰・山陽 ラストラン国鉄型車両』、『残響 走り去った列車たち』、『ブルートレイン 夜汽車よ永遠に』を出しました。消えゆく列車を写真と音で記録するシリーズでした。

――第一作の「碓氷峠」は大ヒット作でしたよね。

写真と音を連動させ、列車の魅力に迫る作品として評価していただきました。もともと、斉木さんと僕が撮影に出ていたとき、自分が録っていた音源をカーステレオで流していたのがきっかけになりました。第一作が好評だったので、続編が出せました。

ちょうどその頃は、国鉄型車両の引退や夜行列車の廃止などが続いていた時代でした。

――そのなかで思い出深い作品はありますか。

二作目の写音集にも収録した音源なのですが、美祢《みね》線を走る石灰石列車です。美祢駅のヤードの周りは山で囲まれていて、反響するんです。石灰石を満載した貨物列車が入ってきて、ブレーキをかけて停まるんですが、そのときの音が反響するんですよ。あれは鳥肌が立つような感じでした。

――現在、写音集は第一作の『碓氷峠 ロクサン惜別の旋律』が交通新聞社から復刻され、デジタル版がリリースされています。ＥＦ63形の音が現代によみがえったということで好評のようですね。

録りたい！記録したい！と思う衝動

――写音集はカメラマンである二人が音に注目し、新しい表現手段で碓氷峠に迫ったという作品でした。とりわけ、ＥＦ63形（ロクサン）の音は魅力が溢れていましたね。

写真でも同じなのですが、「録りたい！」という欲求がありました。言い換えれば、「この音を記録したい！」という気持ちです。それが湧いてきました。正直なところ、仕事で使うわけでもなく、依頼を受けているわけでもない。発表する機会なんてやってこないかもしれない。でも、撮りたい、もしくは録りたいという気持ちです。

――〝衝動にかられる瞬間〟ですね。

写真家とカメラマンの違いって何だろうと考えることがありますが、写真家は自分の気持ちに忠実にシャッターを切るという部分をどれだけ大切にできるか、そう思っています。カメラマンはオーダーに従って撮影するのが仕事ですから、それでいいのですが、自分の作品づくりでは、撮りたいと思うものを撮りたいし、表現したいと思っています。

――そういう意味では音を録るということも一つの表現手段ですよね。

それがあとになって、とても貴重な音源になったりする。まさに写音集のラインナップを振り返ると、そういったものの集合体ですよね。

通過音にも〝表情〟がある

――米屋さんは通過音を多く録っていると思いますが、その魅力はどういったものでしょう。

列車は勾配区間に差し掛かると、力強い音を立てて走ります。電車であれば、モーターを唸らせたり、蒸気機関車であればより明確に〝頑張っている感〟を音で発してくれたりします。

――上り坂ではあれだけ苦しそうな声をあげるのに、下り坂になると一変して軽やかな走りになります。蒸気機関車はまさに生き物ですね。

蒸気機関車の場合、事前に勾配区間を調べておくといいですよね。山口線にしても真岡鐵道にしても、駅の出発時と勾配区間では間違いなく、いい煙と音を出してくれますから。

――山口線に篠目《しのめ》という駅がありますよね。あそこは谷間に駅があります。〔SLやまぐち号〕は出発時に汽笛を鳴らします。これが山並みに反響して見事なまでにこだまする。あれも忘れられない音の風景です。

そのほか、ジョイント音にも魅力を感じます。レールの継ぎ目の上を車輪が過ぎるとき

連接台車の独特な走行音を響かせて走った、小田急電鉄の特急ロマンスカー・ＮＳＥ（3100形）。ミュージックホーンも音鉄的には嬉しい装備だった。

の音です。これを録音しようとすると、どうしても継ぎ目の前にマイクを置いてしまいがちなのですが、これだと広がりがなくなってしまう。むしろ、少し離れ、継ぎ目と継ぎ目の間にマイクを向けると、左右からステレオでジョイント音が響いてきます。構える場所一つでも大きな違いが出てきますよね。

――ジョイント音は継ぎ目と継ぎ目の間でセッティング。鉄則ですね。右から左に、もしくは左から右に音が流れていくイメージを表現したいですね。それと、ジョイント音と言えば、連接台車もいいですよね。

私は釧路の太平洋石炭販売輸送の臨港線（２０１９年３月に廃止）が好きでした。

貨車の連接台車はめずらしく、いい音を奏でていました。

小田急ロマンスカーもそうですよね。残念ながら、小田急の連接車は定期運用から引退してしまいましたが、小刻みな音を奏でて高速で迫ってくる様子はたまらないものがありました。

――私も登戸駅のホーム先端で、多摩川橋梁を轟音をたてて渡ってくる小田急ロマンスカーを狙ったことがあります。

先述の写音集の三作目では、特急ロマンスカー・NSE（3100形）の走行シーンを開成駅付近で狙いました。このときは小田急電鉄のご好意で、ミュージックホーンを鳴らしてもらいました。取材申請したときは「難しいかな……」と思っていたのですが、なんと快諾してもらえました。目の前を通過する〝NSE〟は、とにかく魅力的でした。ミュージックホーンもドップラー効果があり、いい音色でした。

――ジョイント音ではないのですが、停車している貨物列車が出発するシーンもいい感じですよね。貨物列車の発車のタイミングは見えにくいのですが、機関車が動いた瞬間にガガガガ！という音がします。あの迫力にも痺れます。

深夜の録音あれこれ

――夜には夜なりの音が存在していて、虫が鳴いていたり、風の音が聞こえたりする。そんななかを重苦しい機関車の音がかすかに聞こえ、それが次第に大きくなってくる。音が表現する遠近感というか、これもまた、サウンドスケープの面白さですよね。

以前、深夜の山陽本線上郡駅で貨物列車の通過シーンを録音しました。もちろん、旅客列車が来ない時間帯なのですが、貨物列車は結構頻繁にやってくるので、長時間録音しました。真夜中に車で行って場所を決め、マイクを立て、あとはずっと車の中にいました。張り付いていると、自分で足音を立ててしまったり、衣服が擦れる音が出てしまったりして、録音が台無しになってしまうからです。

――私も、深夜の岡山駅構内の様子を記録したことがあります。岡山駅に隣接して、ＪＲ西日本グループが運営する『ヴィア・イン』というホテルがあります。そこには構内に向いた部屋があるので、そこを指定します。窓を開けて少しだけガンマイクを出し、誰もいない構内の様子を長時間録音するんです。深夜は貨物列車がひっきりなしにやってくる。

力強さだけでなく、長大編成なので、音の長さがすごいことになります。しかも、列車が来ない時間は静寂ですから、なんとも言えない〝めりはり〟があります。

上りと下りを合わせると、意外なくらいの本数ですよね。

――ただ、録音が一晩中になってしまうので、楽しんでいると確実に寝不足になります。そして、朝6時くらいには新幹線も動き始め、岡山駅そのものが賑やかになってくる。吉備線（桃太郎線）のキハ40系も音を響かせます。そんな感じなので、確実に寝不足なんです。そのため、私は翌日に備え、機材をオンにして、寝ることにしています。もちろん、いびきをかかないようにして（笑）。

山形・秋田新幹線の工事の関係で1990（平成2）年から1997（平成9）年まで、寝台特急「あけぼの」が陸羽東線経由で運転されていました。小牛田から新庄まで、DE10形の重連だったのです。鳴子温泉～堺田間は18・2‰（パーミル）の上り勾配が連続していて、そこでDE10形の唸るエンジン音を狙いました。深夜3時ぐらいです。

――暗闇のなかで〝孤独な場所探し〟ですか。

列車がやってくる30分くらい前に場所を決め、三脚を立ててマイクをセッティング。そして列車が来るのを待つのですが、暗闇のなかで何かをしているというだけで怪しまれま

〔あけぼの〕が、山形新幹線開業に備えた奥羽本線工事により陸羽東線経由で運転され、ＤＥ10形が重連で牽引。ディーゼルのサウンドが今も耳に残る。

すし、何といっても、運転士を驚かせてしまう。もちろん、周囲には誰もいないのですが、機材だけが真っ暗ななかに置いてあるだけでも不気味ですよね。そういうこともあって、結局は安全も考慮して、線路から少し離れた場所にマイクをセッティングしました。

――陸羽東線は国道に並走しているので、夜中でもトラックとか多いですよね。

しかも堺田駅付近は谷間にあるので、列車の音も響くのですが、雑音も響きます。結構、不安だったのですが、たまたまその日は一台も車が通らなかった。

――石北本線の〝タマネギ貨物〟の音を録った際、やはり、深夜に録音しました。

月も出ていない夜でしたが、録音中ですから、音は立てられません。白滝駅近くの山中だったのですが、あの場所、勾配区間を貨物列車が上がってくるので、かなり遠くから音が響いてくる。じっとしている時間も長いんですよね。そうすると、何といっても怖いのが、クマなんです。

確かにクマは怖いですね。

――前後にディーゼル機関車を連結した運転形態はめずらしく、音源としても魅力的なのですが、二度はないかな……と思っています（笑）。

僕は常紋峠で同じ列車を狙いました。いかにも何かが出てきそうな雰囲気の森の中で。夜の林道って車で入るだけでも怖いのに、そこでじっとしていますからね。

――旭川から北見に行くときは昼間で、北見から旭川に向かうのは深夜なんですよね。だから下りは撮影、上りは録音。ある意味で効率は良いのですが、特に常紋峠は建設時に死者を多く出したと言われている場所で、常紋トンネルは別名「幽霊トンネル」。かなり怖いですよね。

今は廃止されて信号場になっている金華《かねはな》駅から林道に入って、峠を上ってくる列車を録りたくて、場所を探しました。

――常紋トンネル工事殉難者追悼碑の最寄り駅！

そのときは林道の脇にマイクをセッティングしたのですが、なんとなく不気味な気配を感じ、自分は車の中でモニタリングしていました。帰宅後に録音成果を聴こうとしたときも、ヘンな音が入ってきたらどうしよう……、なんて本気で考えました（笑）。

――貨物列車の重厚な走行音は魅力的な音源ですが、あそこの場合はなんだか地響きみたいに思えますよね。そして、周囲が静かだから山間にこだまする。しかもカーブ区間も多いので、山の裏手を走っているときは音が消えて、角度が変わるとまた音が聞こえてくる。それを何度か繰り返して、近づいてきます。

音から地形なども読み取れる感じですよね。常紋峠では日中の北見行きの列車も録音をしたのですが、このときは不思議なくらい風がなく、ウィンドジャマー（風防）も付けないで録音ができました。この上ない録音環境でした。

音鉄の敵を語る

――風といえば、これは音鉄最大の敵《かたき》ですよね。

風は厄介ですね。たとえ微風であっても、しっかりと入ってきてしまう。しかも、入ってしまうと、編集しきれない。録音にウィンドジャマーは欠かせませんが。昔は民生用のものがなかった。いわゆるプロ用のものしかないので、値が張るんです。それで筒形のカゴだけを買って、当時、一世を風靡していたルーズソックスをかぶせて使ったのですが、これが意外にも良かった。結構、風を防げました！

――現在は廉価版も出ているので、気軽に購入できますが、まさしく録音の必須アイテムですね。最近は携帯電話などでも、それなりにいい音が録れますが、風よけに関してはお手上げですよね。

車内音の録音だと、ビニール袋ですね。昼下がりの電車に乗っていると、買い物帰りの主婦たちが必ずといっていいくらい、車内で買ったものをチェックする。あの音も編集作業で処理できない。

――あとは中年男性のくしゃみですね。なぜかとても大きなくしゃみをする。そして、いつの間にかすっかり減った気がしますが、車内で新聞を読むおじさん。

通過音の録音はできるだけ車が来ないところを選びますが、自分がどんなにこだわって場所選びやセッティングをしていても、絶妙なタイミングで車が通ってしまったとか、ありますよね（笑）。

――ほかにも、カラスの鳴き声や野良犬が吠える声で録音が台無しになってしまうことがありますね。音鉄というのは繊細というか、神経をすり減らすようなところがありますよね。日常生活でも音に過敏になってしまって困っています（笑）。

それ、まさに職業病の世界ですね。ただ、雑音はどうしようもないことですし、悔しさや怒りとか、そういうものをぶつける相手がいない。

――そういったときは自分に運がないと思うしかありません。そして、〝音鉄の神様〟を恨むようにしています（笑）。

音鉄向きな駅との出会い

――音鉄向きの駅というのはどうですか。ただ〝静かな駅〟というだけだったら、全国にいくらでもありますが。

篠ノ井線に姨捨《おばすて》という駅がありますよね。スイッチバック構造の駅で、貨物列車も走っているし、日本三大車窓のひとつにも挙げられます。あのロケーションは間違いなく音鉄向きな印象があるのですが、実は上に高速道路が走っていて、遠くからの雑音が絶え間なく入ってきます。

――撮影は問題ないのですが、音鉄的には満点は付けられない。

そこで少し目線を変えて、隣の冠着《かむりき》駅に行ったら、ここは思わぬ聖地でした。雑音がほとんど入らない。しかも谷間にあるので、響き具合もいい感じでした。

――ローカル私鉄だと、いかがですか。

少し古い話になりますが、京福電鉄（現：えちぜん鉄道）の市野々《いちのの》駅。まだ、永平寺行きの路線があった時代です。ここで録音をしたことがありました。永平寺に向かう列車が来て、出発するまでのシーンを録音しました。特に狙いや意図があったわけではないのですが、なんとなく、マイクをセットして機材のスイッチを入れた。吊掛モーターの音色が山に響き、今となっては二度と聞くことができない音風景になってしまいました。そう思うと寂しくなります。永平寺までの区間は２００２（平成14）年に廃止されてしまいました。あのとき、なぜ自分がスイッチを入れたのか、〝虫の知らせ〟だったのかなと思ったりします。

――この本の取材で富山地方鉄道に行ったのですが、寺田駅の構内風景を録音していたら、トンビが飛んできて、いい感じに「ピーヒョロロロー」と鳴いていました。里山の雰囲気が感じられる鳴き声でした。

セミやコオロギ、スズムシなんかも情緒がありますよね。

――私は季節感というものを重視したいので、夏場のセミ、秋のスズムシなどは音源に絡めたくなります。山手線でも西日暮里駅の田端寄りなど、セミと絡めやすいところがあったりします。

鳥はどうですか。

――ひたちなか海浜鉄道を訪ねた際、中根という無人駅で気動車の発着シーンを録音したのですが、ホトトギスがきれいな歌声を披露してくれました。もちろん、コオロギやスズムシ、セミなどもいて、人間は私以外全くいないのに、とても賑やか。列車に乗る人も降りる人もいないのですが、とても情緒豊かなシーンでした。

「クハ」、「クモハ」でも音鉄

――「音鉄」という言葉を聞いて思い浮かぶもののひとつに、電車のモーター音というのがあると思います。当然、音鉄趣味者はモーター車を好むと思われがちですが、先頭車である「クハ」も魅力的です。

そうですね。先頭車だと、まずは運転士の喚呼が耳にできるかもしれない。

――有名なところだと、喚呼は〝東の小田急、西の阪急〟という印象です。鉄道マンの誇りを感じるとともに、安全運行に対する信頼感を抱きます。

ＪＲ東海も徹底していますよね。

――私は関西から東京に向かうとき、時間があれば、名古屋から特急〔しなの〕に乗り、長野経由で東京に戻ります。特急〔しなの〕ではグリーン車最前席と決めているのですが、一番前の席はA、B、C、Dとあります。A席とB席は運転士の後ろ、D席は車体先頭部に丸みがあるので視界に限りがある。そのため、私はC席を好むのですが、C席を選ぶ最大の理由は運転室と客室の間に仕切りがあって、その隙間から運転士の喚呼が聞こえてくるからなのです。

運転室の隙間で思い出したのですが、新幹線の０系の先頭車も結構、運転士の喚呼が聞こえていましたね。

――喚呼のほかに、計器の音も聞こえてきます。加速していくと「チーン！」と鳴ったり。

ＡＴＣ車内信号のアナログな音、懐かしいです。

――私はパノラマグリーン車が好きなのですが、３８１系〔やくも〕や２８３系〔くろしお〕なども、最前列で運転席から漏れ聞こえてくる喚呼や速度注意放送を楽しみたいですよね。ただ、こういった席は人気があるので、なかなか取れません。

そういえば、３８１系電車は出発後、スピードが乗るまでは振子を止めておくそうです。時速50キロを超えると、振子を固定するシリンダーが外れる音がする。以前、取材をしたことがあるのですが、これは381系の台車の特徴だと聞きました。運転士はこの音を確認しながら運転するらしいですよ。

――もう一つ、先頭車最前列といえば、気動車ですが、「スーパーまつかぜ」や「スーパーおき」など、山陰本線を走るキハ187系。高速運転で定尺レールを走るので、ジョイント音が楽しめます。しかも、すごい走りっぷりで、車体にエンジン音がダイレクトに響いてくる感じです。

北の大地・北海道での音鉄体験

――車内の音とか、北海道の二重窓があるでしょう。二重窓の間に小さいICレコーダーを入れて録音をしたことがあるのですが、いい感じで楽しめました。

ただ、結構、二重窓そのものが過去のものになりつつありますよね。

――ですので、キハ40形とキハ54形、キハ150形（一部）を狙うことになります。魅力的なのが函館界隈で、道南いさりび鉄道や函館本線の函館～長万部間などは、たっぷり音を楽しめます。また、渡島砂原《おしまさわら》経由の砂原支線であれば、本数は少ないですが、ジョイント音もいい感じで響きます。

他の乗客に迷惑がかからなければ、少し窓を開けることもできますしね。

――窓開けに関していえば、蒸気機関車の場合、窓を開けると当然、煙が入ってきます。乗客の全員が蒸気機関車を懐かしく感じているわけではなく、衣服や顔が汚れるのを嫌うのは当然の感覚ですし……。

そういえば、釧網本線の〔ＳＬ冬の湿原号〕にはかつて、「ヨ」（緩急車）が付いていましたね。

――あれには感激しました。特に復路の標茶《しべちゃ》発釧路行きの場合、機関車のすぐ後ろに緩急車が連結されていました。真冬ではありますが、憧れの蒸気機関車に向き合って、真正面から音が録れるわけですから、感動しないはずがありません。

でも、話を聞いているだけで、寒そうです。

――はい、マイナス10度以下になるところを走行中に外で録音するわけですから。風を思い切り浴びながら、マイクを構えることになります。でも、そういうところにも同好の士がいて、二人並んで録音を楽しんだこともあります。もちろん、会話はなしで（笑）。

相手も気合が入っていますね。

——でも、走っている蒸気機関車に1メートル以内の場所にいられたというのはやはり興奮しました。標茶駅から乗って、釧路駅に入った頃は、寒さのあまり、身体が硬直して動けなくなったりしたのも懐かしい思い出です。緩急車の連結をしなくなったのは本当に残念に思います。

四国の魅力を音で探る

——私は四国の鉄道の魅力を考えたとき、結構、音という要素が大きいと思っています。

四国は旅をするととても面白いですよね。予讃線なんかは幹線でありながらも、いい感じでひなびていて、旅情たっぷりです。

——私は土讃線を走る特急〔南風〕が好きです。山間部でディーゼルエンジンを震わせながら、高速運転するのですが、ロングレールではないので、驚くほど小刻みなジョイント音が楽しめます。しかも、力強いエンジン音に対し、優しい感じの自動アナウンス。これも四国にしかない魅力だと思います。

音鉄趣味的にいえば、列車入線時に駅で流れる『瀬戸の花嫁』の効果は大きいですよね。

——主要駅に流れる四国情緒満点のメロディ。ただ、意外に流れる駅は少なくて、現在は高松、坂出、宇多津、丸亀、多度津、観音寺、今治くらいになっています。

あと岡山駅や児島駅なんかでも流れますね。確かに癒されるような気がします。

——音鉄の楽しみとしては徳島駅ですね。気動車天国で、かつ肉声放送が構内に響きわたります。朝夕のラッシュ時であれば、全国どこでもホームで肉声によるアナウンスが入りますが、四国は改札口や駅務室からの放送がメインです。あれは耳に心地いいです。

そのほか、伊予鉄道やとさでん交通の路面電車には吊掛駆動の車両が健在です。

——そうですね。とさでん交通は末端部分の後免町や伊野付近になると、ほとんど郊外電車といった感じで、路面電車の雰囲気は薄くなりますよね。吊掛モーターの音も豪快になります。こういった音も記録しておきたいところです。

音の距離感について

――音を表現するということに対して、こだわっていることはありますか？

距離感とかはやはり重要ですよね。たとえば、遠くの方で聞こえる汽笛と、目の前に来てから聞こえる汽笛って印象が違いますよね。写真も似ているのですが、録音も距離感が作品に出ますよね。近くで撮ると親密な感じがしますが、音も距離で印象が大きく変わります。列車が迫ってくる音をどのように表現するか。近くで録音すると、やはり対象の見せ方が際立ってくる。対象そのものを録るのか、全体の環境のなかに対象を置いて録るのか、そういうことはよく考えますよね。

――やはり〝特徴〟をとらえたいですね。その車両なら車両の個性、地形なら地形の特性。

そういったときにも、距離感にこだわると表現の幅が広がりますよね。特に通過音の録音については、いろいろなことを考え、試行錯誤して、ロケハンもして……となりますね。

――本書でも踏切を取り上げているのですが、踏切の音はどういうわけか、寂しげな雰囲気を漂わせていますよね。これを効果的に表現するなら、やはり距離感が重要になってきますよね。

近すぎると、音割れの危険もありますし。

――結果的に「離れすぎかな？」と思うくらいのほうがいい音源になったりします。

駅のメロディなども、スピーカーに密着して録るスタイルの方が多いようですが、あえて少し離れてみて、サウンドスケープのなかで音を盛り込むというのを試みると、新しい世界が広がるかもしれません。

――逆にホームに人がいて、ざわざわしている雰囲気を取り込んでみるのも面白いと思います。

高音質なメロディを欲しがる人が多ければ、鉄道会社や製作会社もＣＤとして販売するとか、ダウンロードサイトを作るとか、ビジネス的な可能性を広げていくかもしれませんね。

録った音源をどう楽しむか

――米屋さんは録った音源をどのように楽しんでいますか？

基本的にはストックしてあるだけで、気が向いたときにピックアップし、チェックしています。音源はいろいろありますので、時には、「あ、こんなのも録っていたんだ」と小さな発見をしたりすることもあります。

――「音を録ってどうするの？」とは、誰でも抱く素朴な疑問ですよね。

作業をするときには、かけっ放しにしておくことが多いです。僕の場合、日常的に聞いているわけではないですが、思い出したときに聞くという感じですね。

――私の場合、寝るときにかけることがあります。たとえば、8時間録音した音源をボリュームを小さめにして寝ます。寝台特急〔あけぼの〕の車内録音データなんかだと、朝方に車内放送が入って、「皆様、おはようございます。まもなく大宮に着きます……」という感じ。これが結構、いい目覚めだったりします（笑）。

そのタイミングで起きられるんですね。7時間睡眠なら、急行〔能登〕にするとか（笑）。

――今や夜行列車そのものが寂しい状況になっていますが、あの雰囲気は永遠に語り継ぎたいですよね。私は寝台特急〔サンライズ瀬戸・出雲〕では、「ノビノビ座席」の脇にある「シングル」で台車やモーター音を盛り込みながら録音するのが好きなのですが、それ以外に、〔サンライズ出雲〕の先頭車の一番前にある「シングル」もお気に入りです（134ページ）。モーター音こそ入りませんが、伯備線では心地いいジョイント音が延々と続きます。時には警笛や運転士の喚呼なども入ってきて、いい感じです。しかも、それを横になりながら楽しめるのですから、こんな贅沢はありません。もういっそのこと、永遠に出雲市に着かなければいいのに！なんて、思ったりもします（笑）。

原稿執筆のときにも鉄道の音をかけるんですか？

――もちろんです。そういうときは、小刻みなジョイント音を奏でる四国や北海道の特急の車内音をかけながら机に向かいます。ジョイント音であれば、先ほど申しあげたキハ187系〔スーパーおき〕のほか、北海道のキハ283系もパワフルな走行音で、よりテンションを高められると思っています。

仕事がはかどらないとか、あまり気合が入らないときに合う音源ってあるんですか。

――執筆や勉強をこれから始めようとするときには、蒸気機関車のドラフト音を聞くことがあります。ドラフト音を聞いていると、あの力強さを感じさせる音によって、気分が高まってきます。そして、そういったドラフト音が意識のなかで消えたとき、それはすなわち、集中して仕事をしているということになります。自分を盛り上げるために蒸気機関車の力を借りる……といったら大げさでしょうか（笑）。

音で歴史を記録すること

――ところで、特に好きな音と聞かれたら、何と答えますか。

僕は抑速ブレーキの音が好きなんです（笑）。故郷が山形なので、かつて仙山線を走っていたＥＤ78形が坂を下ってくるときの音なんかは、今もよく思い出しますよ。

――それと、ブロワー音というのは、もっと注目されてよさそうです。

115系は発車前になると、抵抗器付近からブロワー音が鳴り響きますよね。あれがいい！

――ＥＦ65形も、起動するときにブロワー音が鳴り響きますよね。それと、１０３系。かつては常磐線の快速電車に魅せられたものでしたが、あれは豪快でしたね。今でいえば、播但線でそれに近いものを楽しめます。

我々が録っている音というのは、周囲の人に聞いてもらっても、何の意味もなさないのかもしれません。でも、これが時代や社会、メカニズムを記録しているという側面を考えると、やはり何らかの意味はあるのかもしれません。

――今、米屋さんが録っておきたいと思う音源はどんなものですか？

車両に限らず、合理化が進むなかで消えていくものを追いかけたいと思っています。たとえば、昔はきっぷに鋏（ハサミ）を入れていましたが、そういった様子も消えかかっていますね。

――録っておくことで、いつでも引っ張り出して楽しむことができます。

学生時代に入手したソノシートに、肥薩線の大畑《おこば》駅のループを走るＤ51形の音がありました。それはそれはすごい迫力なんです。そのなかにサウンドスケープ的な感じで、人吉駅の音が入っていました。駅弁売りの「べんと～べんと～」という声が響いているのですが、その声が伝説の駅弁売り・菖蒲豊實《しょうぶとよみ》さんにそっくりなんです。〝デゴイチ〟が現役だった頃の駅弁売りの掛け声が菖蒲さんに受け継がれていたんだなと思いました。

──肥薩線の無煙化は1972年なので、半世紀も前の音源なんですね。

菖蒲さんは２０２３（令和５）年３月13日、天国に旅立たれました。もうあの声を聞くことは叶わないのですが、立売りの駅弁という歴史が音で記録されています。

──確かに写真だけでなく、声が残っているというのは別の意味合いが出てきますよね。私は取材でいろいろな方にインタビューをしますが、その方が他界されてしまったあと、音源にはやや特別な意味合いが宿るように感じます。

記録というものには意義があると思います。写真はもちろん、音も記憶を呼び戻すきっかけになります。僕の場合、板谷峠の四連続スイッチバックなど、あの空気感は今も色褪せていない。記憶に結びついているんですね。しかも、音源を再生することで、写真とは違った記憶を蘇らせることができる。

録音と撮影で新しい趣味の世界が生まれる

――最後に、録音と撮影の連携についてまとめましょう。

録音と撮影は、表現手段としての根っこは同じなのですが、実際に表現できる世界は異なっている。そして、写真でいうと、編成写真などは定型というか、定番のスタイルがありますよね。でも、そこに情景とかそういうものを組み合わせていく楽しみがあります。録音も似ていて、録っている対象だけでなく、それ以外のものも含んでいくことが表現だったりするわけです。当初は雑音だと思っていた音が後で聞いてみたら、味わいを感じるポイントになっていたとか。そんなことはよくありますよね。

――それと、「音」というものの本質的な長所でもありますが、自分の時間を犯さないというのもあります。ラジオと同様、画面を目で追うのとは違い、何かをしながら楽しめるというのはいいですよね。

電車の音を楽しむときも、自分の領域を犯さない状態で、自分の日常に色を添えてくれる。そういったニュアンスというのもありますよね。

――いい写真を撮ってみないと、撮影の楽しさが分からないとよく言いますが、音も全く同じだと思います。いい音を録れると、音鉄という名の〝快感〟が得られます。これはもはやカタルシスのようなものだと思います。これを感じてもらい、皆さんなりの〝趣味道〟を楽しんでほしいですね。

皆さんの鉄道趣味がより広がりを持っていくようになれば嬉しいです。僕もそういうお手伝いができれば幸いです。

――鉄道好きの皆さんはきっと写真を撮ったり、〝乗りつぶし〟をしたり、きっぷをコレクションしたり、スタンプを押したりしていますよね。ですから、そのなかにぜひ「音」も加えてほしいと思います。鉄道のあるところ、「音」は必ず存在しますから。

そうですね。撮影と録音、ぜひ、皆さんも自身の「写音集」を作ってみてください。

――ありがとうございました。

第6章

「ご当地駅メロディー資料館」管理人に聞く文化に根ざしたご当地メロディの世界

特別インタビュー

ウェブサイト「ご当地駅メロディー資料館」管理人さん

「ご当地駅メロディー資料館」は、駅で列車の発着を知らせるベルやメロディに、その土地にちなんだ音楽を流す「ご当地駅メロディ」を映像と音で紹介しているウェブサイト。2023年4月現在、サイトに掲載しているメロディの数は700以上にのぼり、日本全国、JRか民鉄かを問わず、ほぼすべての「ご当地駅メロディ」を網羅する。

駅メロのなかの〝ご当地もの〟に魅せられる

——片倉：管理人さんがご当地メロディに特化したサイトを立ち上げたきっかけを教えていただけますか。

管理人：私がウェブサイトを立ち上げたのは2006（平成18）年になります。この頃には、すでに音鉄系のウェブサイトは数多く存在しており、駅メロディに特化したウェブサイトもありました。その背景にあったのは、ちょうど駅メロディのバリエーションが増えていたタイミングだったこと、そして、インターネットの環境に進化が見られていたことが挙げられます。

――個人でサイトを開設する人そのものが大幅に増えた時期ですね。

そうです。私も作れたらいいなと思っていたのですが、サイトが数あるなかで、少し個性のあるものを目指したいと思いました。そこで、その土地、その駅に根ざした存在である「ご当地駅メロディ」に着目したのです。ちょうどその頃、ご当地メロディが各地に登場し、話題となっていた時期でもありました。

――サイトには「全国ご当地 駅の音」というサブタイトルが付いていますね。

私のサイトでは、全国各地のご当地メロディを文章と動画で紹介しています。駅メロディの知られざる歴史や情報を探し出し、いろいろな文献や資料にあたって、整理したものを公開しています。駅の構内で繰り広げられる〝音の風景〟を動画で撮り、それをアップしていますが、読み物にも力を入れています。

――管理人さんとご当地メロディとの出会いはどんなものだったのでしょう？

山手線の恵比寿駅です。この駅の発車メロディはヱビスビールのCMソングで知られる

『第三の男』なんですが、実は先行導入されたものがありました。これは２００４（平成16）年10月21日から12月24日の、わずか2カ月だけ流れていたもので、この期間に私はたまたま恵比寿駅に行き、このメロディを耳にしました。現在のものとは、旋律こそ同じですが、使っている音に違いがあります。このとき流れていたものは、1曲が30秒くらいと長く、最後まで流れることは少なかったのですが、印象深いものでした。

――恵比寿駅の発車メロディは根強い人気がありますね。

最初は駅メロディ全体に興味がありました。中学生の頃、吹奏楽部に入っていたこともあり、音楽にも関心があったのですが、そのときに地元の駅に発車メロディが導入されました。その後、行動範囲が広がって、いろいろな駅を訪ねるようになりました。そこで見知らぬ曲が流れていたり、知りえなかったメロディに出会えたりする。そこでもまた、面白さを感じるようになりました。

――素朴な疑問なのですが、駅メロディは今、いくつぐらいあるのでしょうか。

数は常に変動していると思います。駅で流れる音というのは、発車メロディや列車接近メロディ、ホームドアの開閉音など、多岐にわたります。なくなったものもあり、とにかく数が多いので、私も正確に数えたことはありません。同じ駅でも複数の楽曲が流れていたりします。厳密には難しいのですが、全国で1000種類は優に超えているのではないかと思います。

――ご当地駅メロディはそういったなかで、とりわけ存在感を示していますね。

いわゆるご当地駅メロディは地域密着型で、かつストーリーがあります。楽曲が導入された背景や理由、地元からの評価や旅人の印象、そしてアレンジと旋律。そういったものについて調べていく面白さというものがあると思います。さらに、メロディを採用した狙いや仕掛け人、製作者の思いやこだわりなど、テーマは無限大です。

――いろいろと考えたり、想像したりする面白さがありますよね。

やはり土地に根ざした存在であるだけに、いろいろなものを伝えられると思います。知名度が高いものであれば、その楽曲から街をアピールできますし、有名でなくても、そのメロディから土地の表情を伝えることができます。時には、初めての訪問なのに懐かしさを感じたり、親しみを感じたりすることもありますよね。

会社によって異なる駅メロディの存在

――駅メロディ全体の話なのですが、会社や事業者によってもスタンスは異なっていますよね。

はい、まずはＪＲ東日本なのですが、もともとは発車の合図にベルを使っていました。１９８８年に仙台駅で初めてこれがメロディに置き換えられ、その後は首都圏やほかの地域に広がりました。結果的に、現在発車メロディの流れる駅が最も多い鉄道会社になっていると思います。

――考えてみると、日本以外で駅メロディのある国は限られますから、ＪＲ東日本管内は世界最大の〝駅メロエリア〟なんですよね（笑）。

一方、ＪＲ西日本は伝統的に発車合図ではなく、列車接近の注意喚起に重点が置かれてきました。そのため、一部には発車メロディもありますが、いわゆる「列車接近メロディ・入線メロディ」が多いのが特色です。注意喚起という目的に則したかたちでメロディが入り込み、定着したと思われます。

――こういった地域差・会社による差というのも面白いですね。ＪＲ東海はご当地メロディに限らず、発車メロディそのものの導入事例が少ないですよね。

確かに、ＪＲ東海は駅でのメロディ導入に消極的な印象があります。東海道新幹線は伝統的に発車ベルですが（東京駅を除く）、あれはあれで存在感がありますよね。それと、ＪＲ東海は車両外部にスピーカーが搭載されていることがあり、ここから発車を知らせるメロディが流れますね。

――ＪＲ北海道も駅メロディの採用事例が少ない会社に思えます。

ＪＲ北海道はまた少し状況が異なります。ＪＲ北海道では、かつて発車ベルがうるさいという苦情があり、これを受け、１９９０（平成２）年11月をもって全駅の発車ベルが廃止になりました。そのなかで、わずかながらメロディに変わったのが旭川と函館でした。旭川はのちになくなったため、函館のオリジナル曲『旅立ちの鐘』だけが残り、現在、ＪＲ北海道唯一の発車メロディとなっています。このほか、列車本数が少ないという事情から改札口が閉まっていることが多く、改札中であることを知らせる独自形態のメロディが２０１０年代にいくつか登場しました。

――ＪＲ四国の列車接近メロディは『瀬戸の花嫁』のイメージです。

この『瀬戸の花嫁』のメロディは、1998（平成10）年10月3日に導入されたものです。それ以来、変わることなく使われ続けているご長寿メロディでもあります。四国には駅限定のオリジナルメロディもありますが、瀬戸内沿いの予讃線では、基本は『瀬戸の花嫁』です。耳に心地よくて、優しいメロディですよね。JR四国はメロディ導入の目的を公表していて、イメージアップと利用者増を狙ったものとしています。四国全体のイメージや旅の情緒を盛り上げていく効果はありそうですね。

――確かに独特な雰囲気があって、土地のイメージもしっかりアピールできていますよね。

若い世代だと、『瀬戸の花嫁』という曲そのものを知らない方も多いと思いますが、たとえ知らなくても、四国のイメージはしっかりとかきたてられる。この曲を知っている世代であれば、「四国に来たな」と感じるでしょうし、たとえ知らなくても四国のイメージはかきたてられる。そしてこの曲は、JR西日本の岡山駅でも流れています。新幹線から四国方面の特急に乗り換える際、ホームでこの曲が聞こえてくると、列車の行先をイメージできますし、四国旅行の期待感も高まります。

――JR九州の場合はいかがでしょうか。

JR九州は列車が入線するときも発車するときも、基本はベルで、利用客への注意喚起が重視されているように感じます。ただ、九州新幹線開業以降はメロディの導入事例も増え、新幹線だけでなく、在来線の大きな駅などでもメロディが流れています。

――確かに多くの駅であの電子ベルが鳴っている印象があります。

豊肥本線の豊後竹田駅においては、国鉄時代から、列車の到着から発車にかけてＢＧＭのように流すメロディがありました。そのような経緯から、ベルの合図とは別に、発着を知らせる長いメロディが多いのも地域的特徴です。近年はメロディ化した駅もありますが、それでもベルは随時鳴り響いている印象です。

旅立ちと事前情報について

――管理人さんの旅のスタイルを教えてください。

まずは出発前に下調べですね。限られた時間ですし、効率を考える必要があります。特に地方に出る場合、列車の本数が少ないので、時間帯を意識する必要がありますよね。また、事前情報を得ていると、ミスがなくなりますので、下調べは重要だと思っています。

――時間帯というのは重要ですよね。季節についてはどうですか。

寒さは耐えしのぐことができればそれでいいのですが、夏は厳しいです。夏は空調機器の音が大きいので、なかなかきれいに録れないのです。旅に出る機会も減りますね。

――音鉄にとって、夏はオフシーズンですよね（笑）。

片倉さんのように、環境音を絡めるスタイルの方はセミやスズムシの音なども音源に盛り込みたいとお考えでしょうが、集中してメロディを狙いたいとなると、夏は改めて難しい季節です。

――機材はどんなものを使っていますか？

私の場合は録音ではなく、録画です。デジタルカメラを用いて、動画で音を記録します。圧縮しないで音を記録できるのはメリットですよね。安価なＩＣレコーダーだと、圧縮されてしまうので、高音域で音割れするなど、不便は否めないです。

――私も録音時は非圧縮で録音しています。ビデオカメラやデジカメは圧縮がないことがメリットだったりしますよね。ところで風対策はどのようにしていますか？

そこは重要なところで、風は最大の敵です。ですから、風が強いと天気予報で事前に分かれば、行き先を変えたり、諦めたりします。そのあたりは臨機応変に対処しています。

――管理人さんは現地でどのくらいの時間、集音するのでしょうか？

こだわり具合や状況によっても変わってきます。ものによっては録音が容易なところもありますし、列車頻度が高ければ、効率は上がりますよね。ただ、雑音が多い環境だったりしたときは何度もやり直します。また、発車メロディだと、停車時間によっては最後まで流れず、いわゆる〝途中切り〟ということもありますので、ある程度は時間をかけて〝粘る〟ことになります。

――本数が少ない地方路線は厄介ですよね。

そうですね。ただ、ホームで構内の様子を眺めているのもそれなりに楽しいですし、まとまった時間、待つことになれば、食事をしたり駅前を散歩したりして、時間をつぶします。

――まさに、集音を目的とした旅ですね。

はい、旅行なのか、録画・録音なのか。私自身はどちらでもいいと思っています。ただ、考えてみると、やはり録音ついでに旅行をしているという感じですね。駅メロが旅行に出かけるきっかけのひとつになっています。

――ホームでの立ち位置というのはいかがですか？　やはりスピーカーの真下がいいので

しょうか。

そうですね。やはりスピーカーに近いところがベストです。ただ、ほかの利用客の妨げになってはいけないので、随時、状況を判断して動きます。また、乗務員さんや駅員さんにも気を遣い、少し見えないところでさりげなく録音をしたりしています。

旅と集音のスタイルについて

――管理人さんは身軽な状態で旅をすると聞きました。

そうですね。私は出かけるときは機材一つなのですが、そういった身軽さも重要だと思います。もし大きな機材などを持っていれば、荷物にもなりますし、身動きが取りにくくなります。また、周囲の人たちの目線も気になりますよね。目立ちますし。

――確かに。私も外付けマイクなどは使う場面を熟慮します。駅や車内ではほとんど使いませんし、屋外であっても、あまり目立たないように構えます。周囲の人々が不審に思う

ような行動はしたくないですよね。それと、当然ながら、仕事をしている乗務員や駅員への迷惑になるようなことはしてはいけませんし。

改めて、機材についてはできるだけシンプルにすることをおすすめしますね。私の場合、デジカメを用いて映像として駅の様子を撮り、そのなかに音を記録していくという方法なので、そもそも装備や機材は簡単なものです。

――いわゆる〝雑音〟についてはいかがですか？

あまり気にしないようにしています。ただ当然、耳障りな雑音はありますので、そんなときは、もう一度録り直します。私の場合、動画として音を録るというスタイルも大きいと思います。つまり、風景のなかでお目当てのメロディを記録しますので、他の要素が入ってくるというのはむしろ自然なのです。もちろん、メロディに被ってしまう雑音は避けたいですが、そうでなければ、ある程度までは許容できると思っています。

――管理人さんのウェブサイトを拝見していると、過度に力を入れず、自然体で楽しまれている雰囲気が伝わってきます。

自然体で楽しむというのは大切だと思います。こだわりが強くなりすぎ、他人との競争のようになってしまうと、いつかは行き詰まってしまうと思います。雑音を入れたくないとか、納得いくまできれいに録りたいとか、そういう気持ちはよく分かるのですが、マイペースを貫くということは重要ですよね。

――「明るく、楽しく、元気に音鉄」という感じの趣味活動でありたいですよね。機材一つでこの世界は楽しめますし、極端な話、録音をしなくても、耳で楽しめば、それでいいわけですし。

気軽に出かけ、楽しみたいものを楽しむという感覚でいいと思います。私の場合はご当地メロディに絞っていますが、耳にしたり、記録したりすることのほかに、ものを調べる面白さや、訪問時に出くわす小さな発見のようなものも楽しさだと思っています。

数々の「音鉄体験」から

――好きなご当地メロディを一つ、挙げていただけますか。

中央本線三鷹駅の『めだかの学校』はシンプルでいいなと思っています。童謡ということもあり、多くの人が知っていますし、何の曲だかが一瞬で認識できる。そして、誰の耳にも心地よい軽やかな旋律。しかも、バリエーションがあります。

――三鷹は同じ楽曲でも、ホームによってメロディが異なるんですよね。管理人さんはどれがお好きですか？

私が特に好きなのは、６番線（中央快速線上りホーム）のアレンジです。編曲は、首都圏各駅などで多くの駅メロディを手がける塩塚博さんによるものです。きれいな音色で、まとめ方も巧みです。10秒足らずのメロディで、とてもシンプルなのですが、利用客からも好評なのではないかと思います。

――シンプルで、まとまりがあって、しかも、響き具合が絶妙ですよね。駅の雑踏感を忘れてしまいそうです。

『めだかの学校』は作曲家・中田喜直氏の作品で、同氏が三鷹で音楽の創作を行っていたことにちなんで採用されました。２０１０（平成22）年６月26日から使用されています。駅開業80周年を記念したものでした。

――満足度の高かった会心の録音、思い出の録音などはありますか。

東北新幹線の水沢江刺駅ですね。メロディは地元出身の歌手・大瀧詠一氏の『君は天然色』です。上りホームと下りホームのメロディがうまく続いて流れる瞬間に出会えました。まずは上りのメロディが流れ、続いて下りのメロディが流れる。これがうまい具合に繋がって流れました。これは上下の列車がほぼ同時に発車するタイミングだけ、聴くことができます。

――これも結構、長いメロディですね。

30秒くらいありますね。上り↓下りではなく、下り↓上りなら、本当の曲と同じように繋がったのですが、それはさらに難しかったです。私も一生懸命、時刻表で調べ、なんとかうまく流れるタイミングを狙ったのですが、なかなか合わない（笑）。

――そもそも水沢江刺駅は列車本数が多くないですよね。

ちなみにこの駅は通過列車が時速320キロで高速通過します。すごい迫力でした。これまで全く行く用事のない駅だったのですが、ご当地駅メロディを聴きたくて、行ってみたくなり、足を運びました。

――苦労した駅もあったと思います。

過去の話になりますが、北陸本線（当時）の糸魚川駅の発車メロディですね。この駅の場合、四季によってメロディが変わっていたのです（**表6-1**）。つまり、季節を変えて最低

■表6-1 往時の糸魚川駅 珠玉のメロディたち

曲名	使用時期	使用開始
春よ来い	1月下旬～4月上旬	2002年3月23日
ふるさと	4月上旬～7月下旬	2003年頃
夏の雲	7月下旬～9月上旬	2000年1月20日
カチューシャの唄	9月上旬～1月下旬	2003年頃

※いずれも状況によっては流れず。2017年3月にすべて放送終了。
※『春よ来い』は、異なるアレンジで通年使用になり、現在も北陸新幹線ホームで発車メロディとして流れる。

4回は行かなければなりません。しかも、春のメロディを録るつもりが、タイミングを見誤ってしまい、すでに夏のメロディが流れていたとか、逆に秋に行ったのに、夏のメロディがまだ流れていたということもありました。結局、4つのメロディを聴くためにトータルで6回くらい行きました。

――執念を感じますね。

北陸新幹線の開業で第三セクター化されれば、ワンマン列車が増えることはほぼ確実でした。つまり、当時、これらのメロディが聞けなくなることは容易に想像できたのです。ですので、早めに行こうと思い、通い詰めました。今となってはいい思い出です。

――メロディは毎回、必ず流れていたのでしょうか?

いいえ。これも悩ましい問題で、必ず流れるというわけではなく、流すかどうかは車掌の裁量にゆだねられていたようで、実際には流れないことも多かったのです。長いときは駅に6時間くらいいましたね。一番列車で家を出て、長岡で乗り継ぎ、糸魚川に着いたのが10時くらい。その後、夕方まで駅にいたこともありました。きつかったのは冬です。真冬だと雪が舞っているのですが、そのなか、待ち続けるというのはかなり辛い。風も強くて……。でも、きれいな音源を残したいと思い、耐え忍びました。

気になる「途中切り」と駅メロディ

――かつて、関西の大手私鉄・京阪電気鉄道が発車メロディを導入したときは大きな話題になりましたね。

音楽家・向谷実さんの知名度もありますし、向谷さんが描いた全体像というか、イメージがダイレクトに人々へ響いた結果だと思います。あの一連のメロディは今や京阪の〝個性〟になっていますよね。

――関西の私鉄は競合が激しいので、こういった新しい試みにも熱心ですよね。

京阪は古くからサービス向上やスピードアップに取り組んできた会社だと思います。実際にどんなところで競合他社と差をつけていくか、そういうこともよく考えられていると思います。これはまさに〝歴史〟ですよね。そういう部分もあって、メロディの導入に至ったのかもしれません。

――一連のメロディは同社のイメージアップに繋がっているのが分かります。

京阪のメロディは旋律のみならず、スピーカーの音質もいいですよね。メロディそのものも耳に優しいというか、染み入ってくる良さがあります。そして、それを支えるスピーカーの品質も重要なのかと思います。また、公式サイトでメロディを紹介していたり、アピール材料にしたりして、上手に活用していますよね。

――京阪のメロディは〝途中切り〟がなく、確実に最後まで流れますよね。

当然ながら、それは音鉄趣味者へのファンサービスではなく、「この曲が鳴り終えたらもう発車だ」ということを利用者に伝えるメッセージなのだそうです。

――〝途中切り〟といえば、音鉄趣味者の間でよく話題になる越中島駅。〝途中切りのメッカ〟などともいわれているようです。

京葉線の越中島駅の場合、そもそも停車時間に対してメロディが長いのだと思います。

越中島駅では、電車が止まってから動き出すまでの時間が短めに設定されている。つまり、電車が止まって、車掌がドアを開け、メロディのスイッチまで歩いて行って、メロディを流して、安全確認をして、ドアを閉める。この一連の動作を差し引くと、メロディを流せる時間はわずか2秒くらいになってしまうのかと。

――どんな曲を入れても長すぎることになりますね。

これまでいろいろな鉄道会社の路線に乗車した経験を踏まえると、一般的な駅での停車時間は、在来線なら15〜30秒、新幹線でも1分程度しかありません。メロディを導入した当初は、こういったところまで考えられていなかったのだと思います。もともと、発車合図はベルやブザーだったので、その時間に見合った簡単な合図だったわけです。そのため、メロディ化すると、ずれが生じてしまったのでしょう。

――確かに東京メトロの発車メロディ（発車サイン音）などは短いですよね。

比較的最近になってからメロディが導入された鉄道会社の場合、事前に乗務員によるドア開閉の時間が計算され、何秒までなら問題がないのか、ということがしっかり調べられています。そこから鳴らす秒数を割り出して、オファーを出しているのだと思います。

――ただ、ＪＲでも、停車時間にぴったりとはまるメロディというのはありますよね。途

中切りがほとんどないという……

たとえば、藤沢駅や武蔵溝ノ口駅、成田空港駅などでしょうか。

——確かに、成田空港駅などの発車メロディは5秒程度の長さで、ぴったり終わりますよね。逆に、切れ目がはっきりしていないメロディなどもありますよね。

ありますね。これは、もともとベルがエンドレスだったように、最後まで流すことを前提に作られていないのだと思います。実際、首都圏で最初の発車メロディだった新宿や渋谷も、エンドレスのような曲でした。現在ではたとえば、内房線の巌根《いわね》駅2番線（下りホーム）は、延々と同じフレーズの繰返しです。あと安房鴨川駅3番線（内房線ホーム）や、小山駅6・8番線（両毛線ホーム）などもそうですね。

駅メロディの長さの話

——長いといえば、東海道本線の小田原駅はいかがですか？『お猿のかごや』。軽快なり

ズムで、歌詞の内容が目に浮かんでくるような感じ。「早く電車に乗ろう！」と自然に早足になります。楽しく聴ける発車メロディだと思います。

小田原駅は確かに長いですよね。番線ごとにアレンジも異なりますし。ただ、当駅始発の列車や、停車時間に余裕のある列車が多く設定されているので、早めにメロディを流し始めることができる。そこも考慮されているのではないかと思います。意外と、最後まで聞けることが多いです。

——他だといかがですか。長いメロディ。

根室本線の池田駅ですね。オルゴール調にアレンジされた『晴れたらいいね』、『ALMOST HOME』（DREAMS COME TRUE）がメドレー形式で、約9分間流れます。北海道は列車別に改札が行われるのが基本で、池田駅の場合は、列車入線の10分前に改札が開きます。そこからメロディを流し始め、列車が到着します。私が行ったときは10分前に改札が開いたので、曲も最後まで流れましたが、2回目に行ったときは5分くらい前に改札が開いたので、全部は流れませんでした。このあたりは、駅員の業務の都合にもよるようです。しかも、流れるのは朝7時から16時半頃までに発着する特急列車のみです。

——私は寝台特急〔北斗星〕や夜行急行〔はまなす〕があった頃、よく函館駅で発着シー

ンを録音したのですが、函館の発車メロディも長いですよね。

現在も特急〔北斗〕の出発時に流れていますね。当駅始発の列車では、メロディを最後まで流す機会は比較的多くなると思います。何秒前に流し始めればいいのかを事前に判断できますので。

――遅延の可能性がある途中駅ではそうはいきませんよね。列車が遅延しているのに、長いメロディを延々と流すということは考えにくいですから。

エンドレスといえば、金沢駅在来線ホームの発車メロディは和風のセンスでまとめられた優雅な音色ですが、あれも同じフレーズを繰り返しているエンドレスものですね。

――私鉄だといかがですか。

少しめずらしいものとして、阪急の大阪梅田駅があります。最終列車が出るときだけ、メロディの末尾が長くなるのです。メロディの最後の部分だけが長く伸びる感じです。しかも、その日その時の状況で長さは変わります。長いときは1～2分流れます。終電だと慌てて乗り込んでくる人がいますよね。そういった人々が乗り終わるまでずっと流しているのです。実はこの最後の部分、1分ごとに切れ目があるので、エンドレスではないのですが、最終電車に乗り遅れないようにという配慮を感じます。

――さすがは阪急電鉄、親切ですね。それと、阪急といえば、駅の構内放送のアナウンス音声も好印象ですね。男女ともに聞きやすくて、颯爽としています。関西に出向いた際は、用事はなくても阪急に乗って聞きたくなる美声です。

声というのも印象を左右しますね。

――一方で、短いメロディというのはいかがでしょうか。

短い駅メロディはたくさんあります。ただ、ご当地駅メロディには短いものが少ないです。理由は簡単で、あまりにも短いと、何の曲か分からないからです。また、自治体や地元企業などが協賛していることが多いので、短すぎては意味がない。通常のメロディよりも長くなりがちなのです。

――確かにそうですよね。

山手線を例に挙げるなら、多くの駅が10秒程度なのに対し、ご当地メロディが入っている高田馬場駅や駒込駅などは長くなります。ちなみに前者は『鉄腕アトム』、後者は『さくらさくら』が流れます。

――あと、昔は長かったメロディが更新されて短くなるというケースもありますよね。あいの風とやま鉄道の高岡駅とか。

当地の特産品、「おりん」の音色をメロディ化したものですよね。確かに短くなりました。

――私は全く知らない状態で行ってしまい、驚きました。こういう情報はほとんど入ってきませんよね。新たに導入しますというニュースはあっても、なくなってしまったり、マイナーチェンジだったり、短くなりましたなどというリリースはほとんどありません。しかも事前に告知されることはもっと少ない。

確かに、行ってみて初めて分かるということも多いですよね。駅メロディに関しては、SNSなどで同好の士が情報交換をしているので、そういったところが貴重な情報源になっています。

自治体との連携も見られるご当地メロディ

――京王電鉄はいくつかの駅で列車接近メロディが導入されていますが、特に調布市内のメロディが充実していますね。

■ 表6-2　京王電鉄の調布市内ご当地メロディ

駅名	使用曲（上段が下り、下段が上り）	備考（採用理由など）
仙川	おもちゃの兵隊のマーチ	キユーピーのマヨネーズ博物館あり
つつじヶ丘	思い出のアルバム	作曲者ゆかりの地
柴崎	今日の日はさようなら	作曲グループゆかりの地
国領	太陽にほえろ！のテーマ	石原裕次郎設立の『石原プロモーション』事務所の以前の所在地
	西部警察メインテーマ	
布田	いつでも夢を	付近に映画撮影所あり
調布	ありがとう	調布が舞台の朝ドラ『ゲゲゲの女房』主題歌
西調布	新選組！メイン・テーマ	『新選組』局長・近藤勇の出身地
飛田給	東京ブギウギ	ＦＣ東京の応援歌　ホームスタジアム『味の素スタジアム』最寄り駅
	You'll Never Walk Alone	
京王多摩川	Shall We Dance？	付近に映画スタジオあり

※いずれも列車接近時に、放送の前に流れる。
※詳しくは、「ご当地駅メロディー資料館」を参照のこと。

調布の場合、市内の全駅でご当地メロディが流れています。２０１２（平成24）年８月19日に調布駅が地下化されましたが、このタイミングでまず、同駅にご当地メロディが導入されました。その後、２０１７（平成29）年から、つつじヶ丘駅をはじめ、ほかの市内全駅にご当地の接近メロディが導入されました（**表6-2**）。

――伝説の料理番組『キユーピー３分クッキング』のテーマ曲や、『西部警察』、『太陽にほえろ！』のテーマなど、聴きに行きたくなるメロディが揃っています。

こういったものは、鉄道会社と自治体との連携があって、初めて実現できるものです。大がかりな地下化工事ということもあって、しっかりとした連携体制があったのでしょう。それで、アピールにもなるメロディの企画が実現したのだと思います。地域と鉄道会社との密接な繋がりが感じられますね。

――国領駅の西部警察のテーマを聴きに行きました。その由来は石原プロモーションがかつて事務所を構えていたことにあると知って、驚きました。そして、勉強にもなりました。

私も聴きに、録りに行きました。国領駅はホームが広く、地下に広大な空間があるため、風が強いのです。しかも列車進入時の轟音もかなり迫力があります。

――風対策は必須ですね。

そもそも地下駅は音が反響して大きいですし、風も強いです。さらに布田駅などの場合、いわゆるフルスクリーン式のホームドアが設置されていて、それが天井まで張り付いているのです。そのため、風は吹き込まないものの、列車の風切り音が入ってくるのです。録音のうえでは、結構厄介でした。

京急電鉄の列車接近メロディとPR戦略

――私鉄で、管理人さんはどこか思い入れのあるところはありますか。

すぐ思いつくのは京浜急行電鉄でしょうか。京急の場合、列車接近メロディを自社の戦略のひとつとしてとらえている感があります。メロディ導入前には、「この駅では何を流したらいいですか?」という曲の募集を、はがきと着メロサイトで受け付けていました。導入は2008(平成20)年11月18日からです。

――公募という試み自体、話題性たっぷりですね。

鉄道会社から利用客に曲を公募したケースは初めてのことでした。応募数は2177通におよんだそうです。ただ、公募とは簡単に言うものの、楽曲が決まったあと、アレンジをどうするかとか、著作権をどう処理するかとか、もろもろの対応が求められます。駅メロディも準備の段階では想像を超える苦労があると思いますね。

――導入にあたっては、かなりの手間ひまを要しますよね。

それと、多彩なメロディを選んでいることも注目を集めた理由だったと思います。耳に入りやすく、明るいメロディが多く、聴きに行くのが楽しみになりました。流行歌に始まり、ご当地ソング、演歌、懐メロ、往年のヒットソングなどが採用されています。また、若者ウケのいいポップスや新しい楽曲が積極的に採用されたことも話題になりました（表６-３）。

――アピール性が高く、話題性もありますね。私は青物横丁駅で流れる島倉千代子の『人生いろいろ』のアレンジに感動しました（笑）。

そのほか、金沢八景駅の『道』（ＥＸＩＬＥ）など、著名歌手の曲が取り込まれていることもポイントでしょう。一方、逗子出身のユニット・キマグレンの『ＬＩＦＥ』などは、当初の採用曲のなかで最も新しかった曲で、新鮮さがありました。結果的に、音楽番組や情報系バラエティ番組でも京急が取り上げられる機会が増え、宣伝効果は大きかったと思います。社会的な注目を集めることに成功した事例といえそうです。

■ 表6-3　京急電鉄の列車入線メロディ

駅	曲名	採用理由など
品川／羽田空港第1・第2ターミナル	赤い電車	「くるり」のヒット曲 岸田繁自身が編曲した
青物横丁	人生いろいろ	島倉千代子の出身地 もの哀し気な雰囲気のメロディ
立会川	草競馬	大井競馬場のアクセス駅 元気が出る明るいメロディ
平和島	いい湯だな	『平和島温泉クアハウス』最寄り駅
京急蒲田	夢で逢えたら	「ラッツ&スター」ゆかりの地
京急川崎	上を向いて歩こう	坂本九の出身地
生麦	ニューヨーク・ニューヨーク	駅近隣にキリンビール工場がある フランク・シナトラの名曲
横浜	ブルーライトヨコハマ	もの哀しい旋律を明るく仕上げた名編曲
井土ヶ谷	さくら	「ケツメイシ」リーダー、大蔵の出身地
上大岡	夏色	「ゆず」メンバーの出身地 アップテンポで元気が出てくるメロディ
金沢文庫	MY HOME TOWN	小田和正の出身地 自らの生地への想いを歌いあげた曲
金沢八景	道	EXILE HIROの出身高校最寄り駅
追浜	熱き星たちよ	『横浜ベイスターズ』の球団歌 2軍本拠地の最寄り駅
横須賀中央	横須賀ストーリー	一世を風靡した山口百恵のヒット曲
堀ノ内	かもめが翔んだ日	渡辺真知子の出身地
浦賀	ゴジラのテーマ	初代ゴジラ上陸の地という設定にちなむ
逗子・葉山	LIFE	アーティスト「キマグレン」出身地
京急久里浜	秋桜	山口百恵ゆかりの地
三浦海岸	岬めぐり	三浦半島が曲のモデルとされる フォークソングの名曲
三崎口	城ヶ島の雨	城ヶ島へのアクセス駅
羽田空港第3ターミナル	パプリカ	米津玄師のヒット曲で、国内外からの客を迎えるのに相応しい選曲
港町	港町十三番地	美空ひばりが歌った名曲 駅には歌碑やパネル展示も

※いずれも、発車標に内蔵されたスピーカーからのみ流れる
※三崎口を除き、ホーム（島）ごとにアレンジが異なる

ご当地メロディの効果と意義を考える

――駅メロが生み出した効果といえるようなものは、なにかありますか？

やはり、先ほど話題にした京急でしょうか。老若男女問わず、人気の高い楽曲を採用したことで、メディアへの露出が確実に増えましたよね。導入時にはニュース番組でも取り上げられましたし、鉄道とはあまり縁のなかった音楽番組でも京急が話題になりました。

――確かに鉄道好き以外のところでも話題になっていましたね。

間違いなく、京急という鉄道会社の宣伝になったと思いますし、イメージアップにもつながった。そして、これをきっかけにして、沿線の街に興味を持つ人も増えたのではないかと思います。

――他の事例はありますか。

2019（平成31）年3月20日から、東北新幹線の一ノ関駅の発車メロディが地元出身のフォークグループの作品をアレンジしたものに変わりました。地元ゆかりのフォークグループ『NSP』のヒット曲『夕暮れ時はさびしそう』をメロディ化したものですが、好評だったそうです。それを市の広報誌で取り上げたところ、全国のファンから問合せが殺到したそうです。

――広報誌を取り寄せるファンが大勢いたそうですね。

そして、この曲の舞台となった磐井川の堤防にベンチや歌碑を設置したところ、新たな観光スポットとして注目されるようになったのだそうです。

――それはもう、まさに聖地巡礼！　駅メロディがきっかけになった町おこしの成功例ですよね。

また、名古屋市営地下鉄の接近メロディは名古屋市立大学の准教授（当時）に依頼したものですが、２０２３（令和５）年3月18日から供用を開始した大阪駅地下ホーム（通称「うめきた新駅」）の特急列車の発車メロディは、ジャズピアニストの中島さち子さんと大阪府立夕陽丘高校音楽科の生徒さんとがコラボした楽曲です。このように、地元の学校を取り込んでいくというのも意義がありそうですね。

――特に若い世代が制作に絡んでくれれば、それが将来、何らかのチャンスを掴むきっかけになるかもしれないですね。

ちょっと気になるご当地メロディの未来について

――今後の駅メロディはどのように発展していくと思いますか？

　JR東日本に関しては、急速にワンマン化が進められている現状や、無人駅・簡易委託駅の増加などがありますので、駅メロディは減っていくと思われます。ワンマン化によって車掌がいなくなれば、ホームにある設備を廃止できますので、そういった意味での合理化が進むと思います。

――ワンマン化は全国的に進んでいますよね。

　先ほども申しあげたように、JR東海などは車両外部にスピーカーを設置し、それによって発車の合図にしています。この方法が普及すると、それで事足りてしまいますから、やはり、駅の設備としての発車メロディの必要度は低くなるのではないでしょうか。

――合理化が進むことでも、大きく影響を受けますね。接近メロディはいかがでしょう。

　接近メロディについても、ホームドアの設置が進めば、注意を促すメロディの存在意義も変わってきます。そういった意味でも、やはり数が減る可能性はあると思います。また、導入に積極的だったJR西日本ですが、今後、基本的に列車入線時のメロディにはご当地ものを採用しない方針としているそうです。その理由は、安全面の効果です。つまり、本来は列車接近に注意を促すことが目的のはずなのに、メロディに個性があったり、印象的な旋律だったりすると、そちらに気が向いてしまうということなのではないでしょうか。

――確かにそうかもしれません……。

発車メロディについては、自治体からのリクエストなどで増えていく可能性が残っていますが、接近メロディについての先行きは見えにくい状況です。あったとしても、広島エリアなどで採用されている、エリア単位の固定メロディのようなかたちになっていくかもしれません。

――広島エリアのメロディも音鉄の間で人気はありますが、ご当地ものではないですよね。

一方、ご当地メロディは地域との連携が強まります。JR東日本などはそういった側面を大切にしていると思います。

――地域振興の一環としてのご当地メロディということですね。

JRとしても、自治体との連携は不可欠ですし、話題性もありますから、そこの部分が注目されるようになれば、流れも変わってきそうです。また、観光キャンペーンや各種イベントにあわせたものとしても、ご当地メロディが登場する可能性はあります。言ってみれば、地域との関わりをつくるツールとしてのご当地メロディ。そういった機能については期待できるかもしれません。

ご当地メロディの背景を調べる楽しみ

――最後に、ご当地メロディを調べ上げていく面白さについて教えてください。

そうですね。私はご当地メロディの楽しみ方のひとつに、〝調べる〟という要素があると思っています。メロディの導入については報道もされますし、プレスリリースなども出たりします。ただ、その背景や経緯はいろいろな側面があるので、丹念に情報を集めていくと、思わぬ発見があったりします。

――断片的な情報をつなぎ合わせていく面白さですね。

そして、これをきっかけに、知らない町の魅力というか、この土地にはこんなストーリーがあったのかとか、こんな歴史があったのかなど、いろいろなことを学べます。調べていくうちに、より興味が湧いてくると思います。

――駅のメロディが〝学び〟を与えてくれるということですね。

ある程度の部分はニュースなどで調べられるのですが、たとえば新聞にしても雑誌にしても、それぞれが断片的だったりします。その隙間を埋める情報というものは必ず別に存在しています。また、地方紙やコミュニティ雑誌などにも、見知らぬ情報が掲載されていることがあります。そこを探し出し、つなぎ合わせていく作業ですね。そういうなかで新しい発見ができると、メロディも少し違った響きになってくるかもしれません。

――奥深いものがありますね。

旅に出てメロディを聴くのももちろん楽しいのですが、知られていないことを調べるのも新しい発見があって面白い。今は、これまで注目されてこなかったメロディの知られざる裏話のようなものの発掘に力を入れています。話題は尽きませんが、マイペースにこれからも楽しみたいですね。

――ありがとうございました。

■ 管理人が選ぶ特徴ある駅メロディ

□ 1曲が長いご当地駅メロディ

路線	駅	使用曲	採用理由
根室本線	池田	晴れたらいいね ALMOST HOME	『DREAMS COME TRUE』メンバーの吉田美和の出身地。
日豊本線	津久見	なごり雪	作詞・作曲者である伊勢正三の出身地。
豊肥本線	豊後竹田	荒城の月	市内の岡城址から、瀧廉太郎が曲の着想を得たといわれる。

□ なかなか聞けないレアな駅メロディ

路線	駅	使用曲	備考
豊橋鉄道 渥美線	三河田原	椰子の実	3・4番線で使用される発車メロディ。3・4番線からの発車列車は早朝の2本のみ。
京阪電気鉄道 宇治線	宇治	MIYABI （特急用メロディ）	導入以来、特急列車の設定がないため、一度も流れたことがない発車メロディ。
沖縄都市 モノレール線	牧志	いちゅび小節《ぐわーぶし》	折返しの当駅始発（定期列車の設定なし）でのみ流れる。

□ 郷土民謡とお祭りのご当地駅メロディ

路線	駅	使用曲	備考
奥羽本線	弘前	津軽 じょんがら節	津軽三味線の発車メロディ。地元のプロ奏者の演奏を録音したもので、力強い音色を楽しめる。
烏山線	烏山	新囃子	伝統行事『山あげ祭』のお囃子。ほかでは聞かれないテンポの速さが特徴的。発車の数分前に流れる。
山陽本線	防府	防府音頭	『防府おどり』で親しまれるご当地音頭。夏には駅前通りで祭が開催され、駅メロと原曲の“共演”も実現する。
高徳線など	徳島	阿波 よしこの	伝統芸能『阿波踊り』のお囃子にあわせて列車が入線。進入方向により、異なるパターンのものが流れる。
沖縄都市 モノレール線	那覇空港	谷茶前《たんちゃめー》	沖縄民謡の発車メロディ。車内でも駅ごとに異なる民謡が流れ、沖縄気分を高めてくれる。

□ スポーツに関連したご当地駅メロディ

路線	駅	使用曲	備考
仙石線	宮城野原	羽ばたけ楽天イーグルス	東北楽天ゴールデンイーグルス球団歌。威勢のいいラッパの音を使った発車メロディが地下ホームに響き渡る。
埼玉高速鉄道線	浦和美園	Keep On Rising	浦和レッズサポーターズソング。『埼玉スタジアム2002』での試合開催日にのみ流れ、特に1番線は原曲そのままの“歌う発車メロディ”。
京葉線	海浜幕張	We Love Marines	千葉ロッテマリーンズ球団歌。スポーツチームにちなんだ初のご当地駅メロ。採用された2005年に、31年ぶりの日本シリーズ、アジアシリーズ制覇。
東海道貨物線	吹田貨物ターミナル	奇蹟の絆	ガンバ大阪応援歌。貨物駅唯一のご当地メロディで、作業員への警告音として流れる。発着のタイミングがつかみにくく、構外から聞く際は苦労する。
阪神電気鉄道本線	甲子園	(不定／年により変化)	高校野球開催期間限定で、夏には特番のテーマ曲が、春には大会の入場行進曲が電車接近時に流れる。

□ 歌謡曲をアレンジしたご当地駅メロディ

路線	駅	使用曲	備考
東北本線など	福島	高原列車は行く	作曲者の古関裕而は福島市出身。県内を走っていた沼尻鉄道がモデル。軽快なリズムに乗ってローカル線が発車するさまが印象的。
常磐線	大甕	恋のメキシカンロック	橋幸夫の代表曲。作曲した吉田正の出身地。伴奏と打楽器の音が、リズミカルな曲調を見事に再現している。
京浜急行電鉄本線	青物横丁	人生いろいろ	地元ゆかりの島倉千代子のヒット曲。この曲ほど、駅でいろいろ考えさせられる駅メロはほかにないだろう。
長野電鉄長野線	湯田中	美《うる》わしの志賀高原	岡本敦郎が歌うご当地ソング。列車到着時に大音量でホームに流れ、観光客を迎える。駅に賑わいを与えるツールにもなっている。
瀬戸大橋線など	岡山、高松など	瀬戸の花嫁	岡山駅の瀬戸大橋線ホームで列車接近時に流れ、四国へ向かう列車を想起させる。予讃線の一部駅などでも流れる。

第7章

「音」を創る魅力

鉄道趣味における音、その面白さとは?

特別インタビュー

鉄道音楽家　**向谷実**さん

フュージョンバンド「カシオペア」の元メンバーとして国内外で大きな成功を収める。幼少期より熱狂的なレイルファンであり、1995年に世界初の実写版鉄道シミュレーションゲーム「Train Simulator」を開発。

現在は鉄道乗務員の教育用シミュレータの開発・製造を中心に国内外に幅広く進出。2023年、国土交通大臣より令和4年度交通文化賞を授与。

鉄道、そして音楽とともに大人になった

――片倉：向谷さんにとっての音楽と鉄道の関係について教えていただけますか。

向谷：私が生まれた昭和30年代というのは、日本にとっても、鉄道にとっても、激動の時代だったと思います。1964（昭和39）年に東海道新幹線が開業しました。世はまさに高

度経済成長期の真っ只中。そんななかで、私たちは育っていった。やはり特急列車や新幹線は「憧れの存在」でしたね。飛行機はもちろん、自家用車もまだ庶民には縁のない時代です。

――まさに花形というべき存在でしたよね。

私と同じ世代の人々は似たような感覚を持っているかと思います。本当に鉄道は憧れの対象で、私はそのまま鉄道に魅せられていきました。大人になるにつれて世界も広がり、いろいろなものを学んでいきますが、私にはその思いがより深く育っていったのです。

――音楽についてはいかがですか。

私の場合、クラシックピアノから始めてエレクトーンを弾いて、そのうちに電子楽器が出てきて、アナログシンセサイザーが出てきて、さらにデジタル化が進んだ。幸いなことに、私はそういった進化をすべて経験することができました。

――鉄道についてはいかがでしょうか。

実は鉄道も似ているところがあります。蒸気機関車から始まって、電車では吊掛モーター、チョッパ、それからＶＶＶＦが出てきましたよね。つまり車両の音が進化している。軌道にしても、ジョイント音からロングレール、高速ポイントの登場と、進化が見える。そして、鉄橋やらトンネルやら、五感に響く、特に聴感を揺さぶられるようなものがたっぷり詰まっ

幅広い音楽活動のほか、ホームドアの考案・開発にも取り組んでいる向谷氏。台湾やマレーシアといった海外からも注目される実業家である。

ています。たとえば、昔の自動扉は「ガラガラガラ！」と音を立てて開閉していましたよね。今の車両の滑らかな閉まり具合、そこに生まれる「音」というのも、進化の証ではないかと思うのです。初めてエアーを使ったドア閉めの音を聴いたとき、「なんて未来的な音なんだろう」と興奮しましたよ。

――鉄道の進化とともに歩んだといえそうですね。

　私は鉄道の進化と音楽を常に連動させながら、育ってきたんでしょうね。だから音楽と鉄道を分けて考えるというのは、私のなかでは意味をなさないんです。区別すらできないと思っていますよ。

鉄道メロディを手がけるようになったきっかけ

――鉄道メロディの作曲を手がける前は、どのように思っていましたか。

自身が鉄道のメロディを手がけるというのは「夢のまた夢」だと思っていました。たくさんの素晴らしいメロディがすでにありましたし、山手線などでも導入されていて、「これいいメロディだな」と感じたりしていました。ただ、これはあくまでも一人のファンとして思っていたのです。

――向谷さんが手がけてきた音楽の総数はどのくらいありますか。

鉄道関係の音楽としては300くらいですね。駅のメロディとはいっても、発車メロディから接近メロディ、車内メロディなどのバリエーションがありますし、ほかにバス関連のものなどもあります。また、BGMやチャイムなどの制作依頼もありますね。

――仕事の流れとしてはどのようになるのでしょうか。

私の場合、メロディ作曲家として活動しているわけではないので、私から売り込みや営業活動をすることはなく、事業者さんのほうからご指名をいただくことが大半です。もともと発車メロディというものは数多く存在していましたし、私はどちらかといえば後発なのです。現在は、ご縁をいただいた鉄道会社や事業者さんからオファーをいただき、手がけるというかたちになっています。

また、トレインシミュレータや乗務員シミュレータなどの制作で得た繋がりやお付き合いからも、オファーをいただくことはありますね。

――きっかけは九州新幹線の部分開業（新八代〜鹿児島中央間）のときですね。

はい、これが最初になります。ＪＲ九州さんからお声がけをいただき、開業前のタイミングで九州新幹線に試乗する機会を得ました。そのとき、すでに音楽のサンプルがあったのですが、九州新幹線開業の担当者であった青柳俊彦氏（現：ＪＲ九州会長）から「これはどうかな？」と問われたのです。そのときの表情を見て、「自分も作って提案してみよう！」と。そして、翌日東京に戻って、すぐにサンプルを仕上げて送ってみたのです。これがのちに『風は南から』になりました。

――『風は南から』のコンセプトのようなものがあればお教えください。

当時、鹿児島中央駅の周囲には大きなビルがなく、桜島がしっかりと見えていた。これは運転席からしか見えないものなのですが、なんとも素晴らしい眺めでした。トンネルを抜けると目の前に九州新幹線の終着・鹿児島中央駅があり、その先に錦江湾と桜島が見える。このとき、南から吹いてくる風に触れたように感じた。そのイメージを曲にまとめてみました。気に入っていただけたようで、すぐに採用になりました。

――更新されたあとも人気は高いそうで、メロディをどこかで復活させてほしいという声も聞かれるようですね。

２０１１（平成23）年３月12日に九州新幹線が全線開業し、改めてオファーをいただきました。このときは熊本と鹿児島のイメージを深めたいということで、熊本は『おてもやん』、鹿児島中央は『おはら節』をベースに制作してほしいという要望がありました。そうなると、全体のバランスやイメージ、音源の使い方などに行き詰まりが出てきてしまいました。そこで作り直すことになりました。

――これが現在使用されている九州新幹線のメロディになっているのですね。

当初は従来よりも一歩前に出た感じの作風だったのですが、利用者には深く響くものがあったようですね。現在はより大胆な試みをすることも多くなっていますが、あの時点では、いろいろな状況を見ながら、ケース・スタディのようなかたちで進めていきました。その後、九州新幹線のメロディが評価されたのか、いろいろな会社からオファーをいただくようになりました。最初は単発の依頼が多かったのですが、中には京阪電車のように、まとまったかたちでメロディを作ってほしいというオファーも来るようになって現在に至ります。

鉄道メロディの制作

――鉄道メロディを制作するうえで、大事にしていることはありますか。

私の場合、自分から企画を持ち込むことは少なく、事業者側からオファーをいただくことが大半を占めます。ですので、創り手としては作品に対しての「説明責任」というものが生じます。音楽そのものの良し悪しや評価はもちろんですが、この曲はどうしてこの旋律なのか、この曲は何を伝えたいのか、そういった意図をクライアントやユーザーに伝えることが求められます。

――いわゆる「アカウンタビリティ（説明責任）」というものですよね。

鉄道には、それぞれの路線にそれぞれのストーリーがあると思います。私はそれを意識したうえで、メロディを創っていきたい。たとえば、阪神電車は始発が大阪梅田駅で地下ですよね。それが外に出て、神戸の街を目指していく……。そういった流れがある。これを生かしてメロディを作っていきたい。そういう意識を持ちながら、音楽に広がりを持たせていきます。

――土地の歴史や文化も素材として取り込んでいく……。

その根底にあるのは鉄道が好きという気持ちだけではありません。むしろ、知識や教養といったものも重要になってきます。列車が走る土地の歴史だとか社会背景とか、風景の独自性とか。同時に車両のカラーリングや走行音など、こういったものもイマジネーションを支えるヒントになっていきます。オリジナリティを持たせることはもちろんですが、様々な要素を取り込んで、かつ整合性の取れた楽曲を作っていく必要があると思っています。

――メロディから始まるトータルコーディネートですね。

私はオファーをいただいたところから、幅のあるイメージ作りを手がけたいと思っています。発車メロディをはじめとする鉄道メロディというのは、全体から見れば微々たる存在なのですが、そこにこだわりを持ち、たとえば地下化された東急東横線の渋谷駅の発車メロディに〝新しい旅立ち〟をイメージした旋律を盛り込むとか、東京メトロ東西線の九段下駅に知名度の高い『大きな玉ねぎの下で』を入れるとか、「この曲知ってる!」とか、「なんかひと味違うね!」とか、そういう印象を与えることも考慮します。

——新鮮な印象は駅へのイメージを確実に変えますよね。

もともと、発車メロディとはドアが閉まることを伝え、列車が出発することを伝えるものでした。言ってみれば、〝装置〟に付随する音源だったのです。ですから、古くはベルだったり、ブザーだったりした。それが時代の変化のなかで、お客様目線で考えたとき、やはり快適に乗っていただくため、新しい形に変えていこうという流れが生まれてきました。そういった意味では1990年代というのは駅メロディの創成期で、駅で音楽を流すという斬新な試みが始まった時代ともいえます。私はこれをより発展させ、駅や雰囲気、時間帯、列車種別、さらに利用者の生活様式のなかに音楽がどう溶け込んでいくのか。そこを考えてみたいと思っています。

——〝ワン・バイ・ワン〟の世界があるということですよね。

私の場合、オファーを受けたら、まずその素材を見つめ、自分なりのイメージを育てていきます。それをメロディとしてまとめていく流れになります。当然、その対象となる駅や車両、時には鉄道そのものに特化したメロディを仕上げます。そういった部分へのこだわりはありますね。私は音楽家としてのキャリアがあるので、自身のセンスとクライアントからのリクエスト、そして、土地のカラー。こういったものをすべて満たして、より多くの人々が親しんでくれるようなかたちに仕立てていきたいと思っています。

メロディ制作の苦労話あれこれ

――メロディは〝ひらめき〟から生まれるとうかがいました。

そうですね。メロディは〝ひらめき〟に従って、一発で作ります。音楽というのは、これもいいな？　あれもいいな？と考えていると、無限の可能性というものが出てきて、そのなかにハマってしまうということがよくあります。ですので、私は自分の中で生まれた〝ひらめき〟を信じています。ただし、そこには自分が考えるこの鉄道のイメージ、駅のイメージというものをじっくり練り上げていないといけません。ただのひらめきではなく、しっかりとフォーカスを絞って、集中力を高めていく。この鉄道のこの駅で流れる音楽はこれしかないというところまで、感性を高めている必要があります。

――制作に苦労した駅などはありますか。

苦労ではないのですが、博多駅は気を遣いました。通常、私は1つしかメロディを作らないのですが、博多駅の在来線のメロディについては、5つくらい用意しました。博多駅は構内がとても賑やかで、いろいろな音が混在している。そういったものとメロディとの整合性を図るということにこだわりたかったのです。このときは複数のサンプルを作り、JR九州の青柳俊彦氏や駅長さんなどにも聴いてもらい、多くの意見をうかがいました。

――構内の音とのバランスですよね。

いろいろな音との絡みのなかでメロディを存在させる。これには気を遣います。博多駅の話ではないのですが、駅のスピーカーは老朽化しているものも多く見られます。新しいタイプのものや良質のものは次々に登場しているのですが、一気に更新されることは少なく、徐々に更新されていくものなのです。こういったものも制作者としては気にかけておく必要があります。

――スピーカーもいろいろとクセがありそうですね。

スピーカーは厄介な存在でしたね（笑）。過去形で言うのは、現在は状況が変わっているからです。かつて放送は肉声によるものでした。そのため、広い周波数レンジ（帯域）は必要がなかった。つまり、伝えるべきことを伝えることが目的だったので、音楽的なスピーカーとはコンセプトから異なるものだったのです。駅メロディも当初は肉声のアナウンスに便乗するかたちで流れていました。

――スピーカーにはいわゆる〝ムラ〟、もありますよね？

最近はスピーカーそのものの質が向上していますし、鉄道会社の音に対する意識も高まっていますので、大幅に改善されています。そのため、スピーカーによる制限はかなり減っています。幸い、私にオファーをくださる事業者は音楽への関心が高いことが多く、すでに良質なスピーカーを備えていたり、新たに機器更新をしてくれたりと、ストレスを感じることは少ないですね。これには感謝しています。

――その他にはありますか？

避けて通れないのは、車両から出てくる大きな音ですね。夏場はクーラーがかかっているので、そこから音が出ています。また、壁や天井にも反響しますので、メロディがそれに混じってしまうことがある。ＪＲ九州の場合は従来のベルや電子ベルもありますので、それを踏まえながら、アタックを強め、聴き心地を高めるようにしました。

――車両の構造はいかがですか。

これもＪＲ九州での話なのですが、８００系とＮ７００系の違いというのがありました。九州新幹線に運用が限定される８００系と、その後に登場した本州へ直通するＮ７００系とでは、構造上の違いがあります。そこで悩ましいある問題に出くわしました。両車のスピーカーの位置が異なっていて、Ｎ７００系は天井全体に音が広がる印象なのですが、８００系は荷物棚のところにスピーカーがあり、メロディの響き具合に違いがありました。

――思っていた響き方と違っていた……。

熊本の車両センターまで行って、流してもらったのですが、そうしたら、Ｎ７００系では若干の物足りなさを感じてしまった。それで納品したものを引き戻して、スピーカーや車内の構造に則したものに改良して、再提出しました。もちろん、ベストなものを提供していたのですが、こだわりたいところは徹底的にこだわりたいので。このときは結果的に、旋律を変えず、より細やかなバランスを考慮したものに仕上げました。

西九州新幹線のメロディができるまで

――2022（令和4）年9月23日に開業した西九州新幹線のメロディも手がけられましたよね。

開業前にオファーをいただき、視察から始めました。やはり、最初にやるべきことは、足を運ぶことです。いつものことですが、下見は繰り返します。現場を見ること、乗ってみること、そして、足を運んでその路線を感じてみる。これがスタートになります。京阪電車もそうでしたし、泉北高速鉄道や福岡市地下鉄七隈線などもそうでした。西九州新幹線にいたっては、何度も足を運びましたね。下見やロケハンを繰り返し、しっかりと取材をし、聞き取りもします。

――現地の空気に触れるということですね。

西九州新幹線のときは、建設現場を見せてもらったりもしました。完成予想図を見せてもらったり、完成後はどのような発展を想定しているのか、さらに、どんな人たちが住んでいるのか、ダイヤはどのように組む予定か、新幹線に対してのニーズ、長崎に向かう通

向谷氏は西九州新幹線各駅の発車メロディのほか、車内メロディなども手がけている。

勤需要など、いろいろとリサーチしました。

——行ってみないと分からないということは確実にありますよね。

たとえば、新大村駅などは開業前からベッドタウンのようになっていました。そこで、メロディも少し都会っぽいものにしました。また、長崎駅は大浦や浦上の天主堂の鐘などをサンプリングしました。そして、長崎駅は終点なので、当然、メロディは列車が一方に出ていくときにしか流れません。ですから、発車メロディも皆に長崎の思い出を胸に帰ってもらおうという意味合いを込めています。

——各駅に特化したメロディになっているんですね。

西九州新幹線のメロディ制作は、別件で長崎県庁を訪ねた際に始まりました。長崎県やJR九州の担当者と打合せをしていたのですが、たまたまその部屋にピアノが置いてあり、音楽の話になりました。そこでひらめいたものを即興で演奏したのです。

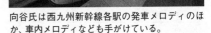

――〝ひらめき〟が人々を動かしたんですね。

先ほども述べましたが、私の場合、制作に要する時間は短いのです。音楽的なセンスやひらめきは重要ですが、その背後には自身の人生経験やそのなかで培ってきたものが土壌として存在しています。これは鉄道に対する思い、ファンとしての気持ち、これまでの経験など、様々な蓄積がありますよね。これが重要だと思います。60年にわたる音楽人生と鉄道への思い、そういったものを絡め、照らし合わせて作品化していきます。その場のひらめきを演奏しているわけですから、一瞬のものといえるかもしれませんが、そこにはこれまでに培ってきたものが不可欠なのです。

――納品まではどのくらい時間をかけるのでしょうか。

私が即興で弾いたものから始まりましたが、それが開業の2年くらい前でしたから、納品までは少し時間がありました。ですから、じっくり吟味できましたね。私は自分自身が進化する部分、そして、インスパイアされる部分やイノベーション（創造）する部分は無限だと思っています。そういった〝ひらめき〟を温め、そこに自身の〝蓄積〟を盛り込みながら、形に仕上げていく。ところが、ひらめきというのは一瞬のものですので、私はそれを一瞬で忘れてしまうクセがあるんです（笑）。

――奥様が撮った動画も重要な役割を果たしたそうですね。

「今の演奏、よかったね！」と言われても、私はその瞬間に忘れてしまうことが多いんです。それで撮影された動画や誰かが撮ってくれたムービーで自分のひらめきを再確認したりすることもあります。ちなみに長崎駅のメロディは、妻が動画撮影していたものをベースに仕上げています。

徹底的なリサーチはトレインシミュレータにも

――列車運転を擬似体験できる「トレインシミュレータ」についても教えていただけますか。

弊社『音楽館』は教習用トレインシミュレータも手がけており、特にＪＲ東日本向けのものを多く請け負っています。トレインシミュレータについても、メカニズムや映像はもちろん、音についても徹底的なこだわりを持っています。最近手がけた信越本線のＥ１２９系なども、かなり忠実に音を再現しています。速度の変化によって音は変わりますし、ブ

音楽館の新オフィスにはモニター付きの運転台も。1995（平成7）年には世界初の実写版鉄道シミュレーションゲームを制作し、時の人となった。

レーキについても同じです。また、交流電動機や変圧器から発する磁励音やブレーキの緩解音などにも気を払います。

――まさに徹底した〝こだわり〟ですね。

制作時には、専用列車として貸し切り、音を徹底的にリサーチします。その最たるものは、大宮の鉄道博物館にあるＤ51形のシミュレータですね。10個以上のスピーカーを設置しています。左右の動輪の下、給水ポンプ、コンプレッサー、インジェクター、ボイラー、汽笛、ブレーキ、砂撒き、ドレイン、バイパスなど、これらのすべてにスピーカーを付け、リアルな音を楽しんでもらえるようにしています。これらが組み合わさって、蒸気機関車の音になりますからね。

――もはや、〝オーケストラ〟ですね。

人間って面白いもので、映像がきれいなことは、もはや当たり前になっている。しかし、そこに付随しているはずの音にこだわると、関心はそちらに向く。言い換えれば、音はごまかすことができない。弊社では在来線から新幹線まで、運転士と車掌用のシミュレータも制作しています。そんななか、訓練用の装置を作ったときに技術者や現場の方々から音を評価されることが少なくありません。

――音が持つ、それこそ目に見えない力ともいえそうです。

日常生活でも、知らない音を聞くと「何だろう?」って思ったりして、調べてみると、そこに新しい発見があったりしますよね。鉄道も同じで、思いもよらないところにいろいろな音が隠れていたりします。しかも、それが複数組み合わさっているわけです。そういった面白さに触れることもまた、トレインシミュレータの魅力かもしれません。

メロディに込められた〝心地よさ〟の秘密

――向谷さんの作品には〝心地よさ〟があると思います。これを表現するために心がけていることはありますか？

一つは、曲を終わらせないことですね。メロディが完結してしまうと、誰もが「あ、終わりだ」という印象を無意識に抱いてしまいます。しかし、利用客はその後も電車に乗って、移動していくわけですよね。つまり、皆さんは行動を続けていらっしゃる。そして、扉が開いて発車メロディが鳴ったら、速やかに乗降するという行動に移らなければならない。そんななかにメロディは存在するわけです。ですから、メロディは連続性を持たせ、しかも、そこには心地よさを盛り込んでおきたい。

――動的な流れのなかに存在する駅メロディということですね。

もう一つ、音楽作りにも技術的な進歩がありますが、そういった最新の技術だけでなく、従来のものの良さにも気を払います。たとえば、現在はステップ入力と呼ばれる手法で、完全なリズムのメロディを制作することができます。リアルタイムに鍵盤を弾かず、機械的にデータを打ち込んでいくということです。ですから、ずれのない速度で、強弱も一定にすることができます。

――同じ間隔と強弱、同じタイミング、ですね。

しかし、私はリアルに手で弾くことにこだわります。なぜなら、駅のメロディは人が聴くためのものだからです。人に聴いてもらうメロディですので、人間らしさというものが不可欠です。そのため、いわゆる〝完全〟ではなく、時には速めたり、またあるときは遅めたりする。そして、微妙な強弱にも対応する必要がある。機械的に弾くのではなく、むしろ、人間的に弾くと言ったら分かりやすいかもしれません。だから、私は〝手弾き〟にこだわります。

――環境や機材の変化というものも深く関わってきますよね。

スピーカーの進化も大きいですよね。スピーカーの周波数レンジ（帯域）は昔より広がっていますので、音の使い方をちょっと贅沢にしようとか、細かいフレーズの駆け上がりとか弦楽器のストリングスのような音を入れ込んでみようとか、ピアノらしい打撃音を入れてみようとか、いろいろな試みができるようになっています。それらを違和感なく盛り込んでいく。

――リズムもまた、奥が深そうです。

そうですね。九州新幹線の部分開業のとき、車内のメロディにデジタルドラムを入れたのですが、リズムを入れたメロディはおそらく私が初めてだったのではないかと思います。ドラム音は生々しいので、音選びにも慎重になりましたが、これを車内で耳にした方は「あれっ」と新鮮な印象を抱いたのではないかと思います。

――和風テイストも増えていますね。

京阪電車のときにはあえて邦楽の鼓（つづみ）の音を入れてみました。また、東京メトロ東西線の日本橋駅の楽曲など、邦楽の音源は外国人旅行者に評判がいいですね。これも新鮮な印象とともに、懐かしさも感じてもらい、それが結果的に心地よさにつながっていくのだと思います。

鉄道会社からのリクエスト、やりとり

――鉄道会社からのリクエストについても、うかがいたいと思います。

私の場合、オファーをいただいた時点で、任せていただくことが圧倒的に多いのですが、当然ながら、事前には打合せをしっかりとします。たとえば、東急目黒線の車外スピーカーを全面更新するという案件があったのですが、担当者が音楽をかなり深く探究している方で、私も理念や考え方をしっかりと説明しながら進めました。そういうなかで求められているものをしっかり把握し、アイデアを練っていきます。

――九州新幹線の熊本駅と鹿児島中央駅はいかがですか？

九州新幹線が全線開業したときの熊本駅と鹿児島中央駅は「ご当地ものでお願いします」と言われました。そういったリクエストに応えつつ、自分なりのアレンジを加えます。結果として、地元の人々は間違いなくこれが『おてもやん』であり『おはら節』だと分かりますが、外から来た人は「なんかちょっとおしゃれな音楽だね！」といった印象になるようなもの。つまり、原型を留めてはいるけれど、同時に何か新しさがあるようなニュアンス、

それを形にしました。

――修正依頼などもあったりするのでしょうか？

仕上がった楽曲に対しての修正依頼はほとんどないですね。私もじっくり下調べをして、路線や業者の特質をつかんだうえで制作しますから。ただ、企画に沿ったオファーというのはあります。たとえば、福岡市地下鉄七隈線のときは、市民をモニターとして招待し、楽曲を聴いてもらってから決めるというイベントがありました。そのときの映像もあるんですが、みんなシーンとして、集中して聴いていただいていましたね（笑）。

――〝難産〟だったのはいかがでしょう？

京成電鉄のスカイライナーのメロディホーンですね。ＪＲ九州の特急〔海幸山幸〕などはスムーズにできたのですが、スカイライナーは時間がかかりました。私自身もピンとこない部分があったので、宗吾参道駅近くの車両基地まで行き、何度か実際に流してもらったりしました。決して長いものではないのですが、あれが一番、時間がかかりましたね。

メロディをその場で作る企画も

――宮崎空港駅のエピソードを教えていただけますか。

２０１５（平成27）年でしたか、あるイベントで、宮崎空港駅のメロディをその場で作るという企画がありました。中継参加した宮崎県の河野俊嗣知事（当時）から、宮崎空港駅にも発車メロディを作ってほしいというリクエストをいただき、私もシンセサイザーを持ち込んでいたので、その場で了承しました。宮崎のイメージもありましたし、ハイビスカスの南国風情も印象深いものがあります。かつて宮崎といえば新婚旅行のメッカで、夜行列車に乗って、特にA寝台に乗っていく憧れの地だった。昭和30年代にブームだった宮崎への新婚旅行。その雰囲気をメロディに盛り込んでほしいと言われました。曲想もあったので、最初は「すぐに作れますよ」なんて、豪語していたんです。

――即興で制作ですか。

イベントが進み、「さあ、作ろう!」となったのですが、知事が手にしていた花束が自分のイメージと何か違う。よく見たら、その花はブーゲンビリアでした（笑）。つまり、ハイビスカス空港だと思っていたのは私の勘違いで、本当はブーゲンビリア空港だったのです。

――全く違う花ですよね（笑）。

その日は30度を超える暑さで、炎天下でしたから、勘違いに気付いてパニックになってしまいました。来賓もたくさんいて、みんなが待っている状態です。緊張感が増し、さすがに慌てましたが、なんとか仕上げました。あのときは結局20分以上かかりましたね。きっとお客さんもドキドキヒヤヒヤだったと思います。中継も入っていましたし。モニターの向こう側には何万もの人が見ているわけですから、視聴者の皆さんもハラハラしていたのではないでしょうか。ちなみに付けた曲名は『ブーゲンビリアン』（笑）。

“7秒”という音楽世界

――駅メロディの長さについてはいかがですか。

メロディは7秒というのが多いですね。一方、接近メロディは10秒くらいで、新幹線は少し長くて10秒から12秒くらいになります。ただ、事業社によっては5秒、なかには4秒ということもあります。

――5秒や7秒だと、いわゆる〝途中切り〟というのはないのでしょうか。

いいえ、そういうわけではありません。たとえば、京阪電車の場合、出発信号がある駅の保安装置に連動しています。信号が青に変わる何秒前かにメロディが流れる仕様になっているのです。だから、京阪には途中切りがない。一方で、車掌がボタンでON・OFFを操作しているところは遅れなどもありますし、あくまでも停車時間によりますから、確実とは言えません。京阪は全体が管理されていて、メロディも一つの設定になっています。

――京阪電車は依頼時からそういうシステムだったのですか？

信号装置の全面的変更についてのプレスリリースに、発車メロディの導入が記されていました。システムの導入と同じタイミングで発車メロディが入ることが決まっていたのです。つまり、信号装置の刷新に伴って導入されたということなんです。信号装置や運行システムの更新というのは何十年に一度の話ですから、事業社としては大がかりなことですよね。そこにメロディ導入のきっかけがありました。

続けると楽曲になる……〝名作〟の制作秘話

――名曲の誉れ高い京阪電車のメロディですが、〝続けると一曲になる〟というアイデアはどのようにして生まれたのでしょうか。

京阪電車から案件をいただいたあと、まずは淀屋橋から出町柳に向かう特急列車のメロディを手がけました。そこであることに気付いたのです。関西では当たり前のことなのかもしれませんが、起点の大阪から終点の京都に向かう電車が〝上り〟なんですよ。その〝上り〟ということにビビッと来るものがありました。

――起点から終点に向かうので、本来なら〝下り〟になりますよね。

京都は間違いなく〝みやこ〟だということです。つまり、「京にあがる」ということです。それなら、「京都へのリスペクト」をメロディに盛り込んでみようと思った。だから、メロディも「京都に向かっていく」というイメージなのです。

――淀屋橋駅のメロディも独特な印象ですよね。

淀屋橋駅のメロディラインは和旋律を意識したものにしました。和太鼓や鼓の音も盛り込んで雅《みやび》な印象のものを作りました。それをサンプルとして提案したところ、気に入っていただいたようで、即刻返事がきました。「すぐやってください！」と（笑）。

——京橋は明るく、そして、複々線区間はダイナミックなイメージです。

天満橋は地下駅ですが、京橋からは地上に出るので、一気に明るい雰囲気に変えました。そんな感じで、あれこれイメージが膨らんできます。そのうち、「繋がるかもしれない！」と思い始めました。路線が持つストーリー性に気付いたんですね。具体的には、天満橋〜萱島間は複々線区間で、電車もダイナミックな走りを見せます。それが複線に戻って枚方《ひらかた》市《し》、そして、丹波橋の辺りになると曲線区間が増えて、速度制限もかかるようになる。そういったところには、その場所に合ったメロディを入れていく。また、一駅挟んだだけで停まる中書島《ちゅうしょじま》と丹波橋は少し似たような音楽にするとか、変化を付けたりしました。

——まさに〝ストーリー〟を感じますね。

最初は〝一曲入魂〟というか、気合を入れて作っていたのですが、制作の過程で繋がりが見えてきました。そして、三条駅については、ここは終点ではなく、「まだ終わりませんよ」という含みを持たせ、続きを感じさせるメロディにする。こういうのが楽しくなってきて、他にもやってみようと思うようになりました。たとえば、特急用の下り（大阪方面）

は、大阪に向かうわけですから、アーバンな感じに仕立てています。

――普通列車用のメロディにも仕掛けはあったのでしょうか？

普通列車用については、制作の過程である発見をしました。これはささやかな研究成果だと自負しているのですが、混雑している時間帯にふさわしい旋律を考えていたところ、〝三拍子〟に行きついたのです。つまり、ワルツ（円舞曲）です。三拍子というのは割ることができないリズムですから、なんとなく立ち止まりにくいんです。ですから、三拍子で楽曲を作っていきました。

ビジネスと鉄道メロディ

――京阪電車など、最近は鉄道会社が駅メロディのＣＤを販売するケースが見られますね。

本来、ベルというのは「早く乗ってください」とか「出発します」というメッセージを伝えるのが目的でしたよね。そこに心地よさを加えることによってメロディ化し、それが定着していく。そして、会社はこれをコンテンツとして扱い、自社のアピール材料にしていく。そんな流れですね。

——京阪電車のCDは特に好評だと聞きます。

京阪電車に関していえば、当初、駅のサービスセンターでの販売だけだったのですが、発売開始後、瞬く間に売り切れになったそうです。これについては、京阪自身がとても驚いたそうです。この現象を少し掘り下げてみると、鉄道会社がコンテンツホルダーとしての価値を自身に見出し、鉄道メロディもそのなかで存在するようになったという側面が見えてきます。

向谷実氏率いる「音楽館」が手がけるメロディCD。

——興味深い現象ですよね。

コンテンツホルダーという認識については、何もCDに限りません。模型なども含めたオリジナルグッズの販売に力を入れるのも、そういった背景があるからだと思います。トレインシミュレータもそういった側面が見え隠れしています。本来は運転士の訓練用に制作したものですが、これを民生用に配信して、商品化していく。自動放送は権利関係上難しいのですが、公開している路線のうちの半分以上はそれぞれの運輸区の担当乗務員さんが好意で生音声を入れてくれています。

——究極のリアリティが加わりますね。

嬉しいことに、トレインシミュレータは鉄道会社の社員の方たちの間でも話題になっているそうです。現場の方たちも自分たちの仕事が注目され、記録されていることを喜んでくれている。「コンテンツを持っているのだから売っていこう」という単純な話ではなく、今、自分たちがやっている仕事への誇り、それがリアルに伝わり、広がっていく。そういった流れは確実にあります。

——時代の変化も感じますね。

少し前の時代なら考えられなかったことかもしれません。私がこの企画を持ち込んだ頃は、それこそデータは門外不出とされていましたし。先日、常磐線の土浦～勝田間、そして信越本線の直江津～新潟間を手がけましたが、こういったものを公開してファンの皆さんにも楽しんでもらい、鉄道員へのリスペクトを育んでいってもらう。そういった部分は確実に変わってきていますね。

――きっかけとなったのは「コロナ」でしょうか。

理由はいくつか考えられると思います。ただ、コロナ禍を経て、従来の働き方や定期券を中心とした都市輸送、鉄道会社の運営方針などを見直さなければならない状況になった。現在は旅行者が増加傾向にあり、利用客数も回復してきています。さらにコロナで大打撃を受けていたインバウンド需要も戻ってきている。

――鉄道経営そのものが激動のなかにありますよね。

例外なく、鉄道会社はコロナ禍で厳しい現実を強いられましたが、その間、様々な努力をしていたのは確かです。そこでコンテンツというものを意識するようになった。旅客輸送というもの以外の部分でも利益をあげていく。これは鉄道会社が自分たちの魅力を再発見し、それを広げていこうとしているともいえますよね。

――鉄道会社とファンとの新しい関係が生まれているようにも見えます。

我々自身にも言えることですが、苦しいときだからこそ得られる教訓や施策というものがありますよね。それが今、花開こうとしているのかな、とも思うのです。いろいろなものをコンテンツとして見ることで、いくつもの変化が生まれている。同時に、我々の趣味活動もより広がりをもち、深みを帯びてくる。ですから、この流れはより大きく発展して

オフィスにはグランドピアノが。
2022年には第64回交通文化賞を受賞した。

もらいたいですよね。確かに、事業者と鉄道ファンとの間には新しい関係が育ってきていると思います。コロナを経て、「潮目」は変わりましたよね。

――最後に、向谷さんにとって、趣味と仕事の境界線についてお教えください。

自分のなかには境界線というものはないように思っています。音楽も鉄道も、自分のなかではつながっていて、音楽だけでもないし、鉄道だけでもないような気がします（笑）。ただ、経営者という側面で言うと、いろいろ勉強しなければならないですし、決断もしなければならない。私は40年近く会社を経営していますが、当然、好調なときもあれば、そうでないときもあります。ただ、音楽制作と鉄道趣味が一つになるというプロセスは、どんなときも、ごく自然なかたちで常に仕事に繋がってきたと思っています。

――音楽と鉄道が自然なかたちで、自身のなかでつながっているということですね？

これはクリエイター全体に言えることなのですが、自分に内在している様々な要素があって初めて創作活動は続けられます。私の場合も、鉄道だけではないのですが、やはり創作活動について、鉄道趣味は大きな影響を与えてきたと思います。幸い、私には趣味と仕事の境界線はありませんが、仕事や暮らしとのバランスを保ち、自身の人生を盛り上げていく。そういう生き方については、後悔はないですね。

——ありがとうございました。

あとがき

鉄道は技術面においても、サービス面においても、常に進化を続けている。一方で、合理化や効率化による路線の廃止や車両の置換え、駅の無人化、機器の更新なども絶えず行われており、そのなかで消え去っていくものは少なくない。筆者が前著『音鉄』（ワニブックス）を刊行したのは２０１６（平成28）年のことだったが、この間にも多くの変化があり、いくつもの「音」が消えていった。

しかし、消えゆくものがあれば、新たに生まれるものもある。新しい観光列車のデビューや新型車両の導入は華々しく報道され、駅の発車メロディや列車接近メロディについては、年々そのバリエーションが増えており、情報収集が追いつかないほどである。

本書では音を楽しむという視点と、記録するという視点の二つを主軸に据えてみた。耳を澄ませ、音を聴いて楽しむだけでも音鉄趣味は成立するが、「録音」という要素をここに加えると、より幅が広がってくる。最近は安くて高品質なレコーダーが充実しており、録音趣味は気軽に始められる。動画でもなく、写真でもない表現方法として、「音」をとらえてもらえたら、楽しみが増すはずである。

録音はさらに「記録」と「表現」という二つの側面に分かれる。前者は眼前にあるものを何らかのかたちで収めるということで、後者はそこに自身の感性を加えて作品化することである。音鉄趣味にはそこまでの奥行きがあることを強調しておきたい。

現代社会は「眼」でモノを判断することが多い。鉄道趣味においても、視覚なくしてその魅力は語れないだろう。しかし、「眼」で楽しむ鉄道趣味があるのなら、「耳」で楽しむ鉄道趣味があってもいいはずである。眼だけで判断できるものがあるように、耳にもまた、耳でしか判断できないものがある。もちろん、舌や鼻、そして皮膚で楽しむ鉄道趣味があってもいいのだが、これについては別の機会に譲ることにしよう。

聴覚というものは想像以上に繊細なもので、同じものを聴いていても、角度によって聴こえ方が変わるのは周知の事実である。また、場所だけでなく、時間帯や季節、天気、気温、時には個人の心情や心理状態によっても、音の印象は異なってくる。

素材としての鉄道音は無数に存在しているので、自身の好みにあわせてテーマを決め、それに絞って収録するのもいいし、様々な要素を混ぜ合わせながら、リアルなサウンドスケープ（音風景）に仕立ててみるのもいい。１００人の音鉄趣味者がいれば、それこそ

100種類の楽しみ方がある。

本書の執筆にあたり、鉄道会社や事業者、そして多くの方の厚意と親切を受けながら筆者は取材を続けてきた。特別インタビュー・対談を快諾してくれた三氏のほか、峰雪剛、杉中学、後藤良文、住安克人、黒川達也、木川泰弘、鴨田青、長野武史、星匠、塩塚陽介、白川淳の諸氏にも大きな力をお借りした。この場を借りてお礼を申しあげたい。また、巻末リストに情報を提供してくれた編集部の平岡立成氏にも感謝の気持ちを伝えたい。

音鉄趣味の魅力を端的に示すなら、気軽さというものも見逃せない。極端な話、その場所に身を置くだけで、「音鉄」の楽しさには触れられる。ぜひ、本書を手にしたその日から、鉄道を取り囲むサウンドスケープに耳を傾けてほしい。きっと、鉄道風景のなかに潜む数々の発見を、耳が教えてくれるはずである。

本書を手にしてくれた皆さんがどのような鉄道音の世界を創りあげ、新しい鉄道趣味のスタイルを育てていくのか。そのなかで、本書がわずかでも役立てることがあるのなら、無上の喜びである。

〔サンライズ出雲〕の台車の上の「シングル」個室内にて

2023年11月　片倉佳史

■ 筆者・編集部が選ぶ 一度は聴いてみたい！　めずらしいメロディが聴ける駅80選

★	路線	駅	使用曲	備考
発	函館本線	函館	旅立ちの鐘	特急列車発車時のみ流れる
改	根室本線	池田	晴れたらいいね	『ALMOST HOME』が続けて流れる／日中のみ
発	東海道本線	品川	鉄道唱歌	6・12番線と7・11番線（下り）とで異なる編曲
発	東海道本線	辻堂	浜辺の歌	上下線で異なるアレンジ／林古渓作詞の童謡
発	東海道本線	茅ケ崎	希望の轍	5番線と6番線とで異なるアレンジ／サザンの名曲
発	東海道本線	平塚	たなばたさま	各番線で異なるアレンジ
発	東海道本線	二宮	朧月夜	上下線で異なるアレンジ
発	南武線	登戸	ドラえもんのうた	3番線（※2番線は『きてよパーマン』）
発	武蔵野線	新座	鉄腕アトム	上下線で異なるアレンジ
発	武蔵野線	南流山	SF22-14	2番線／かつては松戸6番線でも使用
発	横浜線	淵野辺	銀河鉄道999	上下線で異なるアレンジ
発	根岸線	桜木町	線路は続くよどこまでも	各番線で異なるアレンジ
発	伊東線	伊東	みかんの花咲く丘	各番線で異なるアレンジ（※宇佐美も同一メロディ、国府津では別アレンジが流れる）
発	中央線	阿佐ケ谷	たなばたさま	各番線で異なるアレンジ
発	中央線	武蔵小金井	さくらさくら	1・2番線／それぞれ異なるアレンジ
発	中央線	国分寺	電車ごっこ	各番線で異なるアレンジ
発	中央線	豊田	たきび	1・2番線と3・4番線とで異なるアレンジ
発	中央線ほか	八王子	夕焼け小焼け	2〜6番線／各番線で異なるアレンジ
発	中央本線	竜王	高原のつぶやき	2・3番線（※1番線は『田園浪漫』）
発	青梅線	西立川	雨のステイション	上下線で異なるアレンジ
発	山手線	神田	モンダミンCMソング	外回りと内回りで異なるアレンジ
発	東北本線ほか	上野	あゝ上野駅	16・17番線／井沢八郎のヒット曲
発	湘南新宿ライン	赤羽	俺たちの明日	5番線（※6番線は『今宵の月のように』）
発	東北本線	宇都宮	カリフォルニア・シャワー	上りのみ／渡辺貞夫の代表曲
到	東北本線	鏡石	牧場の朝	駅舎で流れる（※久喜3番線で発車時に別アレンジが流れる）
発	東北本線ほか	福島	高原列車は行く	ワンマン列車では流れない
発	常磐線	牛久	グリーン・グリーン	1番線（※2番線は『オー・シャンゼリゼ』）
発	常磐線	友部	上を向いて歩こう	1番線／別アレンジが川崎1・2番線で流れる
発	高崎線	上尾	上尾市歌	サビのアレンジ（※北上尾はAメロのアレンジ）
発	高崎線	鴻巣	HANDS 〜大きな手から小さな手へ〜	サビのアレンジ（※吹上はAメロのアレンジ、北鴻巣はBメロのアレンジ）
発	高崎線	熊谷	熊谷市歌	サビのアレンジ（※籠原はAメロのアレンジ）
発	高崎線	深谷	おねぎのマーチ	特産品「深谷ねぎ」イメージソング
発	上越線	水上	ふる里「みなかみ」	サビのアレンジ（※後閑はAメロのアレンジ）
入	上越線	小千谷	乙女の祈り	1番線（※3番線は『エリーゼのために』）
発	両毛線	足利	渡良瀬橋	上下線で異なるアレンジ／森高千里のヒット曲
発	両毛線	桐生	八木節	わたらせ渓谷鐵道発車時は流れない
発	両毛線	前橋	チューリップ	1・2番線と3番線とで異なるアレンジ
発	仙石線	あおば通	オリジナルメロディ	『青葉城恋唄』をモチーフにしたメロディ
発	仙石線	石巻	A Sea Bird	1・2番線／月〜金曜限定（※土・日曜は『Sea Green』）
発	奥羽本線ほか	横手	青い山脈	早朝・深夜およびワンマン列車では流れない

★	路線	駅	使用曲	備考
入	奥羽本線ほか	追分	どじょっこふなっこ	列車入線〜到着時に流れる
発	羽越本線	村上	汽車	ワンマンを含む一部列車では流れない
接	羽越本線	酒田	夜明けのうた	列車接近放送の前に流れる／岸洋子の名曲
接	信越本線ほか	新津	あなたに出逢えたこの町で〜にいつのうた	1番線（※2・4番線は『蒸気機関車の汽笛の音』、3・5番線は『ひつじぐさ』）
発	総武線	御茶ノ水	ＪＲ-ＳＨ9-3	2番線／当駅だけで耳にできるメロディ
発	総武線	幕張	ジュピター	3番線（1日1本のみ使用）
発	内房線	木更津	証城寺の狸囃子	ワンマン列車では流れない
発	内房線	館山	Forever Love	ワンマン列車では流れない
発	東海道新幹線	東京	オリジナルメロディ	かつての〔のぞみ〕車内メロディ
発	北陸本線	鯖江	木漏れ日	特産品マリンバで演奏したオリジナルメロディ
発	北陸本線	福井	悠久の一乗谷	葉加瀬太郎作曲の一乗谷テーマ曲
発	北陸新幹線	飯山	ふるさと	上下線で異なるアレンジ
発	北陸新幹線	上越妙高	夏は来ぬ	上下線で異なるアレンジ
発	北陸新幹線	糸魚川	春よ来い	ホームドア内蔵スピーカーから流れる
発	北陸新幹線	小松	オリジナルメロディ	2024年3月開業／松任谷由実作曲
入	ＪＲ京都線	島本	人間みな兄弟〜夜が来る	駅開設時より使用開始／小林亜星作曲
入	越美北線	越前大野	大野に帰ろう	列車到着後も流れ続ける
入	七尾線	和倉温泉	和倉音頭	列車接近表示器から流れる
接	山陽本線	笠岡	がんばれカブトガニ	列車接近放送に重なって流れる
接	山陽本線ほか	福山	百万本のバラ	3〜8番のりば／春のみ（※夏は『海』、秋は『もみじ』、冬は『スキー』）
入	山陽本線ほか	三原	かもめの水兵さん	1〜4番のりば／世界各国で唄われる童謡
入	山陽本線	広島	オリジナルメロディ	1・5番のりば
到	山陽本線	徳山	ぞうさん	1番のりば（※3・4番のりばは『一年生になったら』）
入	山陽本線	防府	防府音頭	接近メロディもめずらしいもの
発	宇野線	宇野	いい日旅立ち	ワンマン列車では流れない
入	呉線	呉	宇宙戦艦ヤマト	1番のりばと2・3番のりばとで異なるアレンジ
到	可部線	安芸長束	長束音頭	列車到着後に流れる
発	山陰本線	豊岡	輝いて！こうのとり	列車によっては流れない場合あり（※入線時は『約束の空へ』）
接	予讃線	新居浜	ちょおうさじゃ	列車接近放送に重なって流れる
接	予讃線	伊予西条	千の風になって	列車接近放送に重なって流れる
接	予讃線	松山	春や昔	列車接近放送に重なって流れる
接	高徳線ほか	徳島	阿波よしこの	2番のりば上り、3・4番のりば上り、各ホーム下りでそれぞれ異なるアレンジ
接	指宿枕崎線	谷山	夏休み	列車接近放送の前に流れる／吉田拓郎のヒット曲
他	長崎本線ほか	江北	宝探し	列車接近放送の前、発車時に流れる
発	豊肥本線	豊後竹田	サンチャゴの鐘	停車時間が短いと流れない場合あり
入	日豊本線	柳ケ浦	Welcomeおおいた	宇佐も同一メロディ／通過列車では流れない
入	日豊本線	杵築	おかえりの唄	通過列車では流れない／南こうせつの楽曲
他	日豊本線	津久見	なごり雪	列車到着の数分前に流れる／かぐや姫の名曲
接	日豊本線	日向市	ひょっとこ踊りのお囃子	上下線で異なるアレンジ
他	日豊本線	宮崎	フェニックス・ハネムーン	列車接近放送の前、発車時に流れる

★ 接＝接近放送の前、入＝接近放送のあと、到＝到着後、発＝発車前、改＝改札中、他＝備考参照

＊なお、大阪環状線など、本文で紹介しているものは基本的に除いている

片倉佳史（かたくら よしふみ）

武蔵野大学客員教授。台湾在住作家。1969年生まれ。早稲田大学教育学部卒業後、出版社勤務を経て台湾と関わる。台湾に残る日本統治時代の遺構を探し歩き、地理・歴史、原住民族の風俗・文化、グルメなどのジャンルで執筆と撮影を続けるほか、録音機材を手に、耳で楽しむ鉄道趣味を広める活動も。著書に「台湾鉄路と日本人 線路に刻まれた日本の軌跡」「台湾に残る日本鉄道遺産」（交通新聞社新書013・040）。「音鉄 －耳で楽しむ鉄道の世界－」（ワニブックス）、『台湾のトリセツ～地図で読み解く初耳秘話』など。

交通新聞社新書174

鉄道の音を楽しむ

音鉄という名の鉄道趣味

（定価はカバーに表示してあります）

2023年12月18日　第1刷発行

著　者——片倉佳史

発行人——伊藤嘉道

発行所——株式会社交通新聞社

https://www.kotsu.co.jp/

〒101-0062　東京都千代田区神田駿河台2-3-11

電話　(03) 6831-6560（編集）

(03) 6831-6622（販売）

カバーデザイン—アルビレオ

印刷・製本—大日本印刷株式会社

ISBN978-4-330-06623-3